네 안에 있는
글로벌 인재를
깨워라

네 안에 있는
글로벌 인재를 깨워라

지은이 | 안진오
초판 발행 | 2016. 11. 15
등록번호 | 제1999-000032호
등록된 곳 | 서울특별시 용산구 서빙고로65길 38
펴낸곳 | 비전과리더십
영업부 | 2078-3352   FAX | 080-749-3705
출판부 | 2078-3331

책 값은 뒤표지에 있습니다.
ISBN 979-11-86245-24-8 03320

독자의 의견을 기다립니다.
tpress@duranno.com   www.duranno.com

비전과리더십은 두란노서원의 일반서 브랜드입니다.

네
안에 있는
글로벌 인재를
깨워라

미국 현지   **해외취업**   안진오
헤드헌터가   노하우   지음
들려주는

비전과리더십

contents

Part 1

Ready
제자리에

Chapter 1

당신 안에
탄탄한 기본기가 있다
해외취업을 고민하는 당신에게

Chapter 2

세상의 응원을
당신만 모른다
넘쳐나는 정보를 현명하게 선별하기

part 3

Go

출발

Chapter 5

스펙보다
열정적인 근성이 중요하다
이제 실전이다! 이력서부터 연봉 협상까지

학교 선배이기도 한 안진오 대표님이 뉴욕대학교(NYU) 경영학과 한인학생회의 멘토를 맡아 주면서 인연을 맺었습니다. 학교 옆에 있는 투자은행, 회계법인 등 월스트리트 최고 회사들에 입사할 궁리만 하고 있던 우리 학생들이 커리어에 관해 장기적인 관점을 갖게 도와주시고, 뉴욕에서 수십 년간 쌓아온 경험을 바탕으로 리더가 되기 위한 조건들을 조언해 주셨습니다. 또한, 대표님은 아시안 MBA라는 단체를 통해 뉴욕에서 아시아계 학생들이 성공적인 커리어 성공 전략을 세우도록 힘쓰고 계십니다. 한국에서도 많은 청년과 학생들이 이 책을 통해 해외취업에 성공하는 길을 찾게 되길 바랍니다.

김규명 뉴욕대학교 경영학과 한인학생회 회장

2000년에 해외에 취업하여 몇 년간의 직장 경험을 하면서 제 마음에 큰 충격으로 다가온 것은 한국의 많은 청년들이 진로 개척에 있어 아직도 우물 안 개구리식 사고에 머물러 있다는 것이었습니다. 그 당시 알게 된 안진오 대표님은 제가 국제 무대를 목표로 활동할 수 있도록 시야를 확장시켜 주었고 지금까지도 저의 멘토가 되어 주고 있습니다. 한국의 대학생들과 만나 얘기를 하다 보면 해외취업을 막연히 동경하고 있지만 실질적으로 어떻게 접근해야 할지 그 방법을 잘 모르는 경우가 많습니다. 해외취업 특히 미국 취업을 희망하는 대학생과 청년들이 구체적인 노하우가 녹아 있는 이 책을 통해 큰 도움을 받고 더 나아가 국제적 리더로서의 꿈을 키워가길 바랍니다.

김민정 (주)코리아펜 대표

뉴욕에서 내가 진행하던 방송 프로그램에 안진오 대표가 출연하여 열변을 토하곤 했다. 젊은이들이 몰라서 놓치는 기회가 너무나 많다고! 이 책을 통해 그 안타까움을 해결하는 청년들이 쏟아지길 바란다.

김자영 전 뉴욕라디오코리아 <뉴욕포럼> 진행자, 전 KBS 아나운서 세계화 시대를 맞아 한국 젊은이들이 해외에서 학업을 하거나 직장을 얻는 경우가 많아졌습니다. 이 책은 글로벌 인재로 성장하려는 분들에게 매우 실질적인 지침서가 될 것입니다. 30여 년 경력의 헤드헌터가 해외 유학 및 인턴십부터 영어 잘하는 방법, 그리고 미국을 비롯한 영어권 국가에서 취업할 수 있는 현실적이고 구체적인 방법과 노하우를 잘 설명하고 있습니다. 많은 한국 젊은이들이 이 책을 통해 글로벌 리더로 활약할 기회를 얻기를 기대합니다.

김춘호 한국뉴욕주립대학교 총장

안진오 대표는 젊은이의 진로에 관한 정보와 지식을 누구보다도 꿰뚫고 있는 전문가다. 사람은 서로 다르기에 각자의 능력과 적성에 맞는 정확한 조언이 반드시 필요하다. 이런 중요한 일의 최적임자가 안 대표이기에 그가 쓴 책을 주저 없이 강력히 추천한다.

남정호 중앙일보 논설위원

한국은 전 세계 1%가 채 안 되는 인구이지만 국제사회에 매우 큰 영향을 미칩니다. 하지만 안타깝게도 한국의 많은 젊은이들은 국제 무대에서 어떻게 도전해야 할지 잘 모릅니다. 이런 젊은 이들에게 안진오 대표는 영감을 불어넣는 안내자입니다. 국제사회 전문직에서 활약할 수 있도록 관련된 정보와 인터뷰 및 네트워킹에 대한 실제적 조언을 제공함으로써 안 대표는 전 세계 99%의 영역으로 나아갈 수 있는 발판을 마련해 줍니다.

루이스 김(Louise Kim) 휴렛 팻커드 부사장

성공한 헤드헌터인 안진오 대표가 수십 년의 경험을 바탕으로 실질적인 조언을 솔직하게 들려준다. 취업에 관심 있는 모든 분에게 강력히 추천하는 책이다!

박영지 퍼플테일(PurpleTale) 설립자 & CEO

사색과 영감으로 이끄는 강력한 책이다! 오늘날 세계 중심부로 접근하는 데 유익한 조언들이 가득하다. 국제사회의 리더로 성장하기 원하는 이라면 반드시 읽어야 할 책이다.

아주카 킨(Asuka Qin) 맥킨지 사원

안진호 대표는 미국과 아시아 전역에서 아시아인을 얼마나 필요로 하고 있는지 매우 잘 이해하고 있는 사람이다. 미래를 준비하는 진취적인 기업들과 긴밀히 관계하고 있는 그는 노동 시장의 흐름을 파악하는 데 큰 도움을 주는 내 최고의 지인 중 한 명이다.

엘라나 기븐스(Elana Givens) 터프츠대학교 취업센터 디렉터

안진오 대표가 미국에서 오랜 기간 한국인을 비롯해 아시아의 인재들을 발굴하여 '포춘 500'(Fortune 500)에 속한 회사에 연결해 준 경험을 바탕으로 쓴 이 책은 해외로 나가 현지에서 커리어를 쌓으며 글로벌 인재로 성장하고자 하는 많은 젊은이에게 실질적이고 효과적인 정보를 주리라 믿는다. 세계무대에 진출할 꿈을 꾸는 당신에게 강력히 추천한다.

윤경희 전 삼성SDS 교육사업팀장

10년 전에 처음 만났을 때부터 쭉 보아온 안 대표님은 많은 한국 청년들이 글로벌 경쟁력을 갖출 수 있도록 인턴십, 취업, 리더십 등을 주제로 한 세미나, 공모전 등 다양한 활동을 지원해 온 남다른 열정을 가지신 분입니다. 그동안 현장에서 쌓은 경험과 노

하우를 한 권의 책으로 묶어 내셨습니다. 세계에 진출하려는 학생들을 찾아 발품을 팔면서도 아직 도움을 주지 못한 더 많은 청년들을 안타까워하셨는데, 이제 이 책을 통해 청년들에게 글로벌한 꿈을 심어 주고, 그 꿈을 이룰 수 있는 실제적인 솔루션을 나눠 줄 수 있게 되어 기쁜 마음으로 출간을 환영합니다.

윤미자 카이스트 MBA 마케팅 실장

안진오 대표는 한국 사회와 미국 사회의 허와 실을 꿰뚫는 혜안이 있는 분이다. 남다른 안목과 추진력, 무엇보다 하나님이 주신 귀한 은사와 리더십으로 지금까지 아시아와 미국을 연결하는 중요한 다리 역할을 해 오고 있다. 그동안 체험을 통해 얻은 귀한 정보를 한국의 젊은이를 위해 이 책에 아낌없이 쏟으셨다. 이 책은 새로운 미래를 꿈꾸는 젊은이들에게 귀한 선물이다. 이 선물을 마음껏 누리는 젊은이들이 많아지기를 기대하며 이 책을 기쁨으로 추천한다.

이재훈 온누리교회 담임목사

30년 지기인 안진오 대표는 미국 최초의 한인 헤드헌터로 수십 년간 젊은이들의 커리어에 도움을 주어 왔다. 이 책에는 미국에서 정규 교육을 받은 저자의 개인적인 경험과 세계적인 기업에 수천 명의 인재를 연결하며 쌓아 온 노하우가 잘 담겨 있다. 많은 젊은이가 이 책을 통해 해외로 진출하는 데 큰 도움을 얻으리라 믿는다.

존 리(John Lee) 메리츠자산운용 대표

오늘날 우리는 세계무대의 주역들이 매일 치열한 경쟁 속에 이노베이션과 협약을 이루어 시장 경제의 새로운 역사를 쓰는 사회에 살고 있습니다. 변화무쌍한 현실에서 돋보이려면 남다른 세계관뿐 아니라 이를 실현해 나갈 실력과 센스를 갖추는 것이 최우선 과제입니다. 세계 인재 시장에서 30여 년간 활동해 온 안진오 대표가 실제 경험에서 얻은 지혜를 응축한 이 책은 세계 속의 한국인으로 성공을 꿈꾸는 사람의 필독서입니다. 세계가 인정하는 글로벌 인재로 만들어 주는 초석이 되리라 믿어 의심치 않습니다.

최락준 The Weather Company-An IBM Business 오퍼링 리더

뉴욕에서 6개월간 안진오 대표님의 회사에서 인턴으로 일했습니다. 한국으로 돌아가 한 학기를 마친 뒤 대표님이 책에서 조언해 주신 대로 미국에서 한 달간 가고 싶은 회사에 도전하기 위해 네트워크를 만들고 몸으로 부딪쳐 좋은 결과를 얻을 수 있었습니다. 해외취업에 관한 간절한 마음으로 지금 이 책을 집어 든 분은 아마도 1년 전 제 마음과 똑같을 것입니다. 한국에서 나고 자라 막연히 해외취업을 꿈꾸지만 무엇을 해야 할지, 어디서부터 어떻게 시작해야 할지, 내 영어 실력이 너무 부족하진 않은지 등 고민이 많으실 겁니다. 이런 고민을 하고 계신 분들에게 이 책은 명쾌한 해답을 줍니다. 미국에서 30년 이상 헤드헌터로 일하며 얻은 지식과 노하우를 한국 대학생들이 해외취업을 위해 직접 행동으로 옮길 수 있도록 적용 가능한 전략과 방법으로 녹여 담았습니다.

신지연 숙명여대 4학년 학생

해외취업에 대한 현장감 있는 조언

8년 전쯤의 일이다. 어느 날 J라는 여학생에게서 전화가 왔다. 충청남도에 있는 4년제 국립대학의 교환학생으로 미국에 와 있는데, 프로그램에 문제가 생겨서 곤란을 겪고 있다고 했다.

그녀가 참여한 프로그램은 1년 코스로, 한 학기 동안 대학에서 영어를 배우고 나머지 6개월은 현지 회사에서 인턴사원으로 일하는 것이었다. 영어 수업을 마쳤으니 이제 인턴십에 들어가야 하는데 돌연 취소 통보를 받았다고 한다. 이제 와서 한국으로 돌아갈 수도 없고, 그렇다고 무작정 미국에 남아 있을 수도 없어서 답답한 마음에 인터넷 검색을 하다가 나를 알게 되어 전화했다고 했다. J 말고도 한국 대학생 30여 명이 같은 처지에 놓여 있었다.

얼마 후 J는 내가 있는 뉴욕까지 비행기를 타고 한달음에 날아왔다. 만나서 자초지종을 들어보니 명백한 사기 사건이었다. 애초부터 인턴십이 아예 준비되어 있지 않았던 것이다. 한국과 미국, 양국 대학교 사이에 체결된 프로그램이라는 사실이 믿기지 않았다.

도울 수 있는데 왜 가만히 있어요?

미국 대학교는 거의 모두 외국인의 영어 교육을 위한 부설 어학원(ESL)을 운영하고 있다. 대개 지역의 이주민이나 외국인 어학연수생들이 이용한다. 유학생이 영어 실력에 따라 짧게는 몇 개월, 길게는 몇 년까지 과정을 이수하고 나서 대학교에 입학하곤 한다. ESL 어학원비는 대개 대학 등록금보다 저렴하다.

그런데 J는 등록금보다 더 비싼 학원비를 낸 것도 모자라 유령 인턴십 때문에 나머지 6개월을 허송세월하게 생겼다. 같은 처지에 놓인 30여 명 학생 중 몇몇은 이미 귀국했고, 남은 학생들은 이러지도 저러지도 못한 채 속만 태우고 있다고 했다.

보아하니 미국 지방 대학교에서 ESL 어학원에 학생을 유치하려고 한국 대학교를 상대로 있지도 않은 프로그램을 홍보해서 장사한 게 분명했다. 한국 대학뿐 아니라 순진한 학생들까지 속수무책으로 당한 이야기를 듣자니 분노가 일었다. 학생들의 피해가 막심

했다.

J는 위기에서 탈출하기 위해 적극적으로 행동하는 패기 있고 열정적인 학생이었다. 상담을 마칠 무렵, J가 조심스럽게 말을 꺼냈다.

"제가 평소에 인사관리 쪽에 관심이 많았거든요. 혹시 대표님 회사에 인턴십이 있으면, 제게… 기회를 주시면 안 될까요?"

처음부터 그럴 작정으로 온 건지 아니면 상담 중에 생각한 건지는 모르겠지만, J의 밝고 붙임성 있는 성격이 마음에 들었다. 잠시 이야기를 나누었을 뿐인데 J의 열정을 진심으로 돕고 싶어졌다. 그렇게 해서 J가 우리 회사에서 일하기 시작했는데, 똑똑하고 야무지기까지 했다.

그러던 어느 날 J가 내게 물었다. 한국의 유학 준비생이나 해외 취업 준비생들을 도울 수 있는 위치에 있으면서 왜 돕지 않느냐는 것이었다. 사실 나는 이전에 한국 정부의 초청을 받아 그러한 일에 참여한 적이 있었다. 유학이나 해외취업을 준비하는 대학생들을 돕는 프로그램에 조언하는 일이었다. 그러나 끝이 좋지 않았다. 다시 맡고 싶지 않을 정도로…. J에게 내 이야기를 솔직하게 들려주었다. 그것으로 설명이 충분하리라 생각했다.

그런데 그다음 날부터 아침마다 책상 위에 종이가 놓이기 시작했다. J가 아침 일찍 출근해서 그녀가 활동했던 '유학/인턴십 정보 교환 카페' 회원들이 게시판에 올린 사기 경험담을 정리해 올려놓았던 것이다.

유학원, 인턴십 에이전시 등에 사기당한 피해자들의 글이 매일 새롭게 올라왔다. 얼마나 많은지 내심 놀랐다. J는 제발 이 사람들을 도와달라며 끈질기게 나를 설득했다. 자기와 같은 피해자가 더는 생기지 않도록 막고 싶었던 것이다. 그렇게 몇 달 동안 안타까운 이야기들을 접하다 보니 내 마음도 조금씩 움직이기 시작했다.

젊다고 아무 고생이나 사지 마라

하루는 20대 초반의 책임감 있어 보이는 백인 남학생 K가 우리 회사에 입사 면접을 보러 왔다. 여자 친구가 한국인이어서 지난 1년간 한국에 머물면서 해외 인턴십 에이전시에서 근무한 경험이 있다고 했다. 그는 인턴십 할 수 있는 미국 회사를 물색하여 확보하는 업무를 했는데 도무지 구할 수가 없어서 무척 힘들었다고 한다.

그도 그럴 것이, 인턴십에 대한 한국과 미국의 개념 차이가 극

심하기 때문이다. 미국에서는 계약 기간이 끝나면 자국으로 돌아갈 영어가 부족한 외국인을 단기 고용하는 인턴십은 이해하기 힘든 개념이다. 그런데도 미국 회사들에 일일이 연락하고 설득하며 영업해야 했으니 그가 얼마나 곤란했을지 짐작할 수 있었다.

그와 J는 만나자마자 서로 잘 통하는 듯 보였다. 한국식 인턴십 프로그램의 피해자라는 공통점이 있어서다. 이제는 두 사람이 힘을 합쳐서 한국 젊은이들을 도와달라고 더욱 적극적으로 나를 설득하기 시작했다. 많은 사람을 도울 수 있을 텐데, 왜 침묵하느냐며 진심으로 호소했다.

사실, 내가 경험한 안 좋았던 일과 그들이 겪었던 일이 크게 다르지 않았다. 모두 주먹구구식 진행과 그로 인해 나타난 불합리한 결과들 때문이 아니었던가. 나는 마음 문을 닫고 등을 돌리면 그만이지만, 정보가 부족한 한국 젊은이들은 별 힘도 써 보지 못한 채 고통을 고스란히 감내하게 생겼다. 당장 눈앞에 피해자가 둘이나 있지 아니한가. 게다가 J가 매일 업데이트해 준 자료에 의하면 피해자가 계속해서 늘고 있었다. 한국의 수많은 학생이 인턴십 사기로 귀한 돈과 시간을 잃고 있었다.

나이가 들어서 배운 교훈은 "젊어서 고생은 금을 주고도 못 산다"고 할 만큼 경험이 중요하긴 하지만 무의미한 고생은 불필요하다는 것이다. 시간은 금 이상의 가치가 있기 때문이다. 일찌감치 사기를 당해 봤으니 다시는 그런 일이 없도록 시행착오를 겪은 셈 치자 하면 그만일까? 그것도 유익할지 모르지만, 피할 수 있으면 피하며 살아가는 것이 지혜가 아닌가 싶다. 그리고 그런 것들을 피할 수 있도록, 아는 만큼 알려 주는 것이 조금이라도 더 산 어른의 역할이 아닐까 생각한다.

나는 지난 30여 년간 헤드헌터이자 취업설계사(Career Adviser)로서 미국의 아시아계 인재들을 교육하여 글로벌 인재로 키우는 일과 그들이 미국 국내 기업뿐 아니라 다국적 기업에 취업하도록 돕는 일을 해 왔다. 지금은 아시아계 미국인 MBA 협회 회장으로서 폭넓은 네트워크를 형성해 가고 있다. 많은 인재들이 나를 통해 그들이 꿈꾸던 회사에 취업하여 경력을 착실히 쌓고 있으니 영광스러울 따름이다.

근래 한국의 취업 시장 상태가 심각하여 많은 젊은이들이 일자리를 찾지 못하고 있다. 미래에 관한 꿈을 꾸기도 전에 절망에 싸인 한국 젊은이들에게 희망을 주고 새로운 비전을 제시할 수 있다면 더 바랄 것이 없겠다.

미국을 비롯한 해외 취업 시장의 실태와 전망을 현장감 있게 들려줌으로써 실질적인 준비를 할 수 있도록 돕고 싶다. 그에 따라 이 책에 유용한 정보를 간추려 담았으며 효과적으로 활용하기 바란다.

글로벌 인재가 되기 위한 노력은 전적으로 본인의 의지에 달려 있다. 그러나 세계무대에 정식으로 진출하려면 실질적인 도움이 필요하다. 성공 사례들에는 공통점이 있다. 결정적인 순간에 그들을 이끌어 주고 도와준 누군가가 있었다는 것이다. 해외 진출을 도울 사람을 만나야 한다는 뜻이다. 이 또한 본인의 노력 여하에 따라 만남의 기회가 주어질 것이다.

해외 취업에 성공한 사람들의 이야기를 들어보면 '우연히' 만난 사람이 도움을 주었다는 얘기가 많다. 하지만 나는 그것이 절대 우연이 아니라고 생각한다. 남다른 관심을 가지고 노력하여 준비했기에 우연이라는 기회가 왔을 때 제때 포착할 수 있었던 것이다.

누구에게나 일생에 한 번쯤은 결정적인 기회를 만난다고 한다. 기적같이 찾아오는 기회를 놓치지 않기 위해서라도 미리 준비해 두는 것이 현명하다. 준비되어 있는 사람에게 기회가 찾아온다는 건 상식이다.

반드시 한국을 떠나야만 세계무대에 진출할 수 있는 것은 아니다. OECD 국가인 한국은 이미 세계무대에 있다. 그러므로 한국에서 준비해도 해외 기업에 취업할 기회는 충분히 많다.

나는 젊은이들에게 돈이나 시간을 줄 수는 없지만, 그것을 좀 더 효율적으로 쓰고 현명하게 판단하는 지혜를 들려줄 수는 있다. 이렇게 책을 쓸 수 있도록 내 마음을 바꾸어 주고, 어른 역할을 제대로 할 기회를 마련해 준 J와 K에게 고맙다. 지금도 어디선가 주변에 긍정적인 영향을 주며 열심히 살아가고 있을 두 사람에게 응원의 마음을 전하고 싶다.

30년간의 경험을 한 권의 책으로 정리하는 작업은 쉽지 않은 일이었다. 안정아 작가는 내 부족한 한글 실력 때문에 영어로 쓴 원고를 우리말로 번역해 주었고, 막힐 때마다 가닥을 시원하게 추려 주었다. 책이 만들어지는 과정에서도 큰 도움을 준 안정아 작가에게 감사의 말을 전하고 싶다. 책을 출간하도록 적극적으로 권면한 온누리교회 이재훈 담임목사님과 정성을 다해 출판해 준 두란노서원에도 고마운 마음이다. 부족한 사람의 글을 읽어 주시는 독자들과 사랑하는 가족에게도 거듭 감사하다.

PART

1

Ready

제자리에

Chapter 1

당신 안에
탄탄한 기본기가 있다

해외취업을 고민하는 당신에게

1
세상에 문은 많다

구글과 마이크로소프트의 인도인 CEO

2015년 10월, 43세의 인도인 선다 피차이(Sundar Pichai)가 구글의 CEO가 되었다는 소식이 들려왔다. 피차이는 2004년에 구글에 입사하여 11년 만에 최고경영자 자리에 올랐다. 인도 남동부 출신인 그는 인도 카라그푸르 공과대학을 졸업한 후, 미국에 와서 스탠퍼드 대학교에서 석사 학위를, 펜실베이니아 주립대학교 와튼 스쿨에서 MBA를 취득했다. 그는 실력뿐 아니라 인재를 알아보는 선구안이 뛰어나며 팀원 간에 불화를 일으키지 않으면서 원만한 관계를 이끌어 나가는 뛰어난 리더로 알려져 있다.

이로써 선다 피차이는 역사상 미국 유학생 중에 가장 성공한 케이스가 되었다. 최근 마이크로소프트의 CEO가 된 사티아 나델라(Satya Nadella) 역시 인도인 유학생 출신이고, 이외에도 노키아(Nokia), 어도비(Adobe), 글로벌파운드리(GlobalFoundries) 등 굴지의 IT 기업 CEO가 모두 인도 출신이다.

오늘날 미국에서 성공한 아시아계는 대부분 미국에서 태어났거나 어릴 때 이민 온 경우다. 구글처럼 유학생 출신이 세계적인 기업의 CEO가 된 사례는, 영어를 제2외국어로 하는 한국인에게 좋은 본보기가 될 수 있다. 외국인에게 자국 기업의 CEO 자리를 내주는 것은 미국이기에 가능한 일이다. 삼성이나 LG 같은 한국 대기업에서 베트남이나 중국 출신의 CEO가 나올 수 있을까? 아마도 불가능할 것이다.

그동안 한국인이 서구권 회사에 입사해서 성공한다는 것은 현실적으로 거의 찾아보기 힘든 일이었다. 불과 몇 년 전만 해도, 아시아 기업의 임원진 대부분이 아시아인인 것처럼, 미국이나 유럽 회사의 임원들 역시 모두 자국인이거나 최소한 백인이 주를 이루었다. 즉 유색인종이 세계적인 기업에서 최고 위치에 오르는 일은 극히 드물었다.

그러나 요즘은 굉장히 빠르게 변화하는 추세다. 그렇게 된 데는, 아시아인이 세계시장의 가장 큰 소비자로 떠오른 것이 크게 작용했다. 예를 들어, 펩시콜라는 전체 이익의 50% 이상을 아시아에서 올리고 있으며, 세계적인 화장품 기업 로레알(L'Oreal)도 신제품을 아시아에 먼저 선보일 정도로 아시아에서 벌어들이는 수익이 여타 대륙보다 크다.

중국의 경제 발전과 함께 중국인이 세계시장에서 막강한 소비자 집단으로 성장하면서 패션에서 자동차까지 그들이 선호하는 명품 브랜드들이 앞다투어 아시아 시장에 진출하고 있다. 한국 또한 엔터테인먼트 산업이 아시아뿐 아니라 유럽과 미주에서까지 성공을 거듭하면서 대중문화 대국으로 자리매김하고 있다. 최근

10년간, 세계적인 스타들이 영화나 공연을 홍보하기 위해 방한하는 일이 많아진 것만 봐도 세계시장에서 소비자로서의 우리 위치가 격상되었음을 알 수 있다.

그러나 수년간 미국 기업들이 아시아에 적극적으로 구애하는 상황에도, 아시아권 지사의 지역 관리자(Country Manager)는 대부분 백인이 맡아 왔다. 지역 관리자란 해당 국가에 거주하며 자사의 영업이익을 극대화하기 위해 상품의 개발, 생산, 판촉 등의 업무를 관리하는 총괄적 임원직이다. 그래서 한국에 있는 외국계 기업의 관리자 대부분이 백인이었다. 간혹 현지인이 지역 관리자로 승진하기도 했지만 극소수일 뿐이고, 그것은 사실상 그들이 오를 수 있는 최고 지위였다.

최근에는 현지인 관리자를 자국 본사로 데려가는 일이 많아지고 있다. 10여 년 전만 해도 상상할 수 없던 일이다. 이제는 지역 관리자들도 본사 승진을 꿈꿀 수 있게 되었다. 예를 들면, 삼성의 중국 지사에 있는 중국인 임원이 서울 본사에 와서 수천 명의 한국인 인재들을 총괄 지휘할 수 있다는 것이다. 이것은 우리뿐 아니라 외국에서도 파격적인 현상이다. 세계적 기업들의 트렌드인 동시에 초일류 기업이 나아갈 방향이기도 하다.

현지인 관리자가 필요한 시대

미국 제약회사 중 톱 5로 꼽히는 E사는 나스닥에 상장되어 있는 초일류 회사로, 한국에도 들어와 있는 다국적기업이다. 그 회사의 CEO가 나를 초청하여 직접 만난 적이 있는데, 아시아 시장이 중요해짐에 따라 아시아인 인재를 영입할 수 있도록 도와 달라고 했다.

CEO의 이야기를 들으며 천천히 둘러보니 CEO를 포함하여 회의석에 앉은 임원들 모두가 백인이었다. 미국 회사이니 당연했다. 중요한 것은 그들이 빠르게 변모하는 세계시장에 적응하기 위해 적극적으로 변화할 태도를 가졌다는 것이다. 실제로 여러 부분에서 노력의 결실을 조금씩 맺어 가고 있었다.

나를 초청한 이유는, 얼마 전 일본에서 벌어진 골치 아픈 사건 때문이었다. E사가 일본에서 신약을 발표하는 프로젝트를 진행했는데, 당시 진행팀에는 본사 임원부터 말단 직원까지 일본인이 단 한 명도 없었다. 당연히 지역 관리자도 미국인이었다. 그들은 진행 과정에서 아주 사소한 실수를 했는데, 일본인 직원이 한 명이라도 있었더라면 절대 일어나지 않았을, 극히 상식적인 문제였다.

결국 일본 국내법에 저촉되었으나 일본 정부의 엄격한 요구를 받아들이지 못해 신약 발표가 4년째 지체되고 있다고 했다. 제약회사는 신약의 발표 시기가 기업의 이익을 좌지우지하는데, 4년이나 미뤄지면서 생긴 손실액이 수천억 불이나 되었다고 하니, 말

그대로 수천억짜리 실수였다.

그 일을 계기로 절치부심한 E사는 향후 모든 해외 프로젝트를 그곳 사정에 밝은 현지인 지역 매니저에게 맡기기로 했다. 어찌 보면, 상식적으로 당연한 이치인데 그동안 시도되지 않은 일이었다. 뒤늦은 감이 있지만, 그러한 움직임이 트렌드를 만들기 시작했으니 다행이다. 긍정적인 변화를 두 팔 벌려 환영할 뿐이다.

언젠가 한국 출신 지역 매니저가 미국 본사로 발령을 받아, 국제 전략 관련 업무를 하고 있는 걸 보고 깜짝 놀란 적이 있다. 내가 헤드헌팅 일을 시작한 이래 지금까지 30여 년 동안 변화를 수없이 경험해 왔지만, 그때까지 알고 있던 것과는 전혀 다른 상황이 눈 앞에 펼쳐지고 있었다. 외국계 회사나 다국적 기업이 한국인 임원을 필요로 한 적이 없었기 때문이다.

이제 한국의 인재들이 해외에서 자신의 업무 경험과 강점을 내세워 실력을 발휘할 수 있는 시대가 열렸다. 문화적 다양성이 트렌드인 시대다. 기업에서 추구하는 인재상은 단순히 출신 배경과 학력을 보는 것에서, 개개인의 독특한 정체성, 문화적 배경, 다양한 언어 구사 능력 등 여러 가지 자질을 보는 것으로 진화되었다. 실제로 이것들이 최근 세계적인 기업에서 요구하는 글로벌 인재의 능력이다.

미국인, 유럽인들이 기업의 CEO를 독차지하던 시절에는 무조건 그들을 따라 하는 것이 살아남는 길이었다. 이를테면 그들이

나온 학교를 나오고, 그들과 비슷한 방법으로 소통하고, 그들이 내렸던 결정을 참고하여 결정하는 것이다. 그러나 시대가 달라졌다. 요즘은 자신의 유일무이한 개성과 문화를 뚜렷하게 드러내기를 추구한다. 적어도 내가 수년간 지켜보고 겪어 온 세계적인 기업들은 그렇다.

아시안 스타일의 리더십이 뜬다

리더십의 이미지도 달라졌다. 과거 서구권의 리더 이미지는 거친 말투에 공격적인 마초 이미지의 덩치 큰 백인이었는데, 요즘은 조용하고 부드러운 카리스마의 리더를 선호한다. 실제로 그러한 성향의 리더들이 여기저기서 활동하고 있다. 섬세함, 부드러움, 책임감, 경청하는 자세 등의 키워드로 설명되는 내향적 리더의 대표 주자로 빌 게이츠, 스티브 잡스, 버락 오바마 대통령을 꼽을 수 있다.

아시아인은 전통적으로 내향적인 리더가 더 많았는데, 세계적인 트렌드에 따라 아시아의 비즈니스 리더들이 주목받고 있다. 최근 서구권의 경제 연구소나 대학교에서 현대, 삼성 같은 한국 대기업의 케이스 스터디(case study)를 많이 하고 있다. 중국 알리바바(Alibaba) 그룹의 잭 마(Jack Ma) 회장, 일본 소프트뱅크(SoftBank)의 손정의 회장 등이 세계 비즈니스 기사에 자주 오르내리는 것도 그

때문이 아닐까 싶다. 아시아의 기업들이 비교적 짧은 시간에 세계적인 기업으로 성공하게 된 데는 리더의 역할이 컸으리라 생각하기 때문이다.

앞으로 5년, 10년, 20년 후에는 모든 것이 세계화되어 있을 것이다. 한국 기업이 세계무대에서 활동하고, 외국 기업들이 한국의 인재들을 필요로 하는 그런 시대로 급변해 가고 있는 것이다. 그런만큼, 지금 당장 외국에 나갈 계획이 없더라도, 세계화 시대에 걸맞은 인재로 성장하기 위해서 지금부터 준비해야 하지 않을까?

한국 기업도 해외에서 벌어들이는 이익의 규모가 내수 시장보다 더 커지는 추세인데, 해외에서 들어오는 이익이 점점 더 커질 것이다. 성공을 꿈꾼다면, 국내 시장만 타깃으로 하면 안 된다. 세계시장에도 꾸준히 관심을 두는 것이 현명한 태도일 것이다.

최근 들어 한국에 갈 기회가 점점 많아지고 있다. 적어도 일년에 한두 번은 한국의 대학교나 기업에서 특강을 하고 있다. 생각보다 많은 학생과 직장인이 막연하게나마 한국을 벗어나 세계를 경험해 보고 싶다는 생각을 하고 있음을 알게 되었다.

또한, 여러 대학을 다니면서 한 가지 깨달은 점이 있다. 한국 최고 대학 출신보다 오히려 중하위권 대학 출신들이 세계무대에서 성공할 가능성이 훨씬 더 크다는 사실이다. 소위 일류대 학생들보다 그들이 정신적인 면에서 더 투철하며 열정적이고 적극적이다.

그런 학생들을 상대로 특강을 하면 나도 덩달아 신바람이 난
다. 금요일 밤에 하는 선택형 강의인데도 자리가 없을 정도로 참
석하여 열심히 듣는 것도 기특한데, 강의가 끝난 뒤 진행되는 질
의·응답 시간이 3시간을 넘기곤 하니 놀랍다.

미국의 경우 하버드, 스탠퍼드, 컬럼비아와 같은 세계적인 대
학일수록 다양성(diversity)을 으뜸으로 강조하며 세계 각국의 연사
들을 초청하여 강연하고, 재학 중 최대한 많은 나라를 여행하며
경험해 볼 것을 장려한다. 그러므로 나는 한국의 젊은이들이 해외
취업에 관심을 두고 꿈꾸는 것을 아주 긍정적으로 생각한다. 일자
리 규모가 상대적으로 작을 수밖에 없는 한국을 벗어나 인재들이
나아가야 할 올바른 방향이라고 생각한다.

세계무대에서 성공하는 데엔 단순히 학교 이름이나 시험 점
수보다 훨씬 더 중요한 것들이 많다. 열정적인 근성이 스펙보다
더욱 중요한 자질이다. 세계시장에서 활동할 인재들이 갖출 것은
스펙만이 아닌 것이다.

2

꿈을 꾸어도 좋은 때

여유 있는 삶, 꿈꾸지만 말고 찾아 나서라

지금 세계는 무한 경쟁 시대를 살고 있고, 한국은 유별나게 경쟁이 심한 곳이다. 나이와 성별을 떠나 초등학교 때부터 어른이 된 후까지 사는 내내 끝없이 경쟁하며 살아간다. 초등학생이 2~3개의 외국어를 하고 각종 자격증을 따는 나라, 초등학교 입학과 동시에 대학교 입시 준비에 들어가는, 그야말로 고급 인력이 넘쳐나는 나라다.

심지어 하버드, 스탠퍼드, 프린스턴 등 아이비리그에서도 한국인을 만나는 건 아주 흔한 일이 되었다. 미국 유학생 수를 보면 중국과 인도가 1, 2위를 다투고 있고 한국이 3위다. 사실, 중국과 인도는 세계 인구 1, 2위가 아닌가! 그야말로 머릿수로 세계를 장악하고 있는 나라들이다. 세계 어디를 가도 무리를 지어 대규모 커뮤니티를 형성하고 있는 중국인과 인도인인데 미국에서 한국인 유학생 수가 세 번째로 많다는 것은 인구 대비로 봤을 때 실로 엄청난 규모인 것이다.

한국 사회가 역동적이어서 좋은 사람도 있을 테고 그런 생활이 체질에 맞는 사람도 있을 것이다. 나 또한 젊었을 때는 한국의 성공을 향한 치열한 도전 의식이 좋아 보이기도 했다. 하지만 그런 생활에 지친 대부분의 사람은 삶의 여유를 갖고 싶어 한다. 그래서 유학이나 어학연수나 하다못해 짧은 여행으로라도 해외를 둘러보며 나아가 해외취업이나 이민 등을 고려하곤 한다.

서울 출장 때, 돌아다니다 보면 평일 대낮에 거리를 걸어 다니며 여유를 즐기는 사람은 관광객 외에는 없는 것 같다. 직장인이나 학생이나 다들 식사 시간 외에는 업무나 학업에 몰두하느라 바쁘다. 그러니 모두가 쉬는 주말에는 어디를 가든지 사람들로 미어터질 수밖에 없다.

한국인과 외국인은 여가를 즐기는 모습이 다르다. 평일에 이태원이나 홍대 거리에서 외국인들이 맥주를 마시며 대화하는 모습이나 한낮에 도심 공원에서 햇볕을 쬐며 여유를 즐기는 모습을 보면 부러울 때가 있을 것이다. 그에 비해 한국인은 바쁜 일상 속에 지나가는 곳이라도 잠시 앉아서 쉬는 것이 진정한 휴식이며 여가라는 사실을 잊고 사는 것 같다.

한국과 미국의 근무 환경도 여러 면에서 다르다. 한국은 아직도 휴가가 대부분 여름에 몰려 있다고 들었다. 추석이나 설날 같은 명절이나 법정 공휴일을 제외한 순수한 휴가는 일괄적으로 일 년에 며칠을 정해 두고 회사가 아예 문을 닫고 쉬는 곳도 있다고 한다.

그러나 미국은 일 년에 최소 2~3주에서 길게는 한두 달까지 유급휴가를 쓸 수 있다. 물론 한가한 시즌에 쓰기를 권고하기는 하지만, 미리 신청하면 언제든지 쓸 수 있게 되어 있다. 그러니 한국처럼 여름 휴가철에 제주도나 부산 등 휴가지에 미어터질 정도로 많은 사람이 몰리는 일이 거의 없다. 저마다 가고 싶은 곳이 다르고, 즐기고 싶은 시점도 다르기 때문이다. 누구는 여름휴가를 원하겠지만, 누구는 겨울 휴가를 선호할 수도 있지 않은가? 서구는 여러 면에서 개인을 존중하는 문화를 가지고 있다.

세계에서 일하기 좋은 회사로 구글이 손에 꼽히곤 한다. 하지만 사실, 구글이 세계적인 기업이고, 그들의 기업 문화가 다른 기업과 달리 독특하기 때문에 더 유명할 뿐이다. 미국에는 구글 못지않게 직원 복지가 좋고 일하기 좋은 회사가 셀 수도 없이 많다.

세계를 향한 문이 활짝 열려 있다

인터넷의 발전으로 세계는 점점 더 좁아지고 있고, 기업들은 더욱 세계화되는 추세다. 대륙을 초월하여 다른 문화권의 사람들이 실시간으로 화상 회의를 하는 시대가 되었다. 외국에 있는 회사에 이메일로 이력서를 보내고 화상 면접을 보는 시대가 온 것이다.

세계 최고 CEO로 여러 차례 뽑힌 적이 있는 GE(General Electric)의 회장 제프리 이멜트(Jeffrey Immelt)는, 2001년에 경영을 맡은 이래 GE를 미국에서 가장 일하고 싶은 회사 중 하나로 만들어 냈다고 추앙받는 리더다. 그가 세계 각지에 있는 임원들을 워싱턴 D.C.로 부른 자리에 영광스럽게도 나도 초청을 받아 3일간 참가한 적이 있다. 그때 이멜트 회장이 했던 연설이 매우 인상적이었다.

그가 한 연설의 핵심 주제는, 기업의 현재와 미래의 성장 열쇠는 얼마나 많은 글로벌 리더를 키워 내는가에 달려 있다는 것이었다. 글로벌 인재를 길러 낼 수 있는 시스템이 얼마나 강고히 구축되어 있는가에 기업의 미래가 달려 있다는 것이다. 참으로 획기적인 발언이 아닐 수 없다.

그는 특히 아시아 시장을 잘 이해하는 리더를 키워 내는 것이 중요하다고 말하며, 당시 전 세계적으로 핵발전소가 50여 곳에 건설되고 있었는데, 2곳을 제외한 나머지가 아시아에 있음을 강조했다. 다시 말해, 세계 경제 및 문화의 중심이 아시아 쪽으로 서서히 기울고 있으므로 아시아를 잘 이해하고 대응할 수 있는 인재가 필요하다는 것이었다. 새 발전소가 지어진다는 것은 그만큼 전기를 필요로 하는 경제 활동이 활발하다는 얘기다. 모든 분야에서 최근 아시아 지역이 유럽이나 남미 등 타 지역에 비해 경제 활동을 왕성히 하고 있다.

GE 임원단에 아시안 리더가 있는지 궁금해졌다. 그에게 비즈니스 기회를 포착할 수 있을 만큼 아시아의 문화를 잘 이해하는 리더가 GE에 있는지 물었다. 조금 민감할 수 있는 질문이었다. 미국 사회에서 인종과 관련된 사안은 굉장히 민감한 문제이기 때문이다. 아니나 다를까 그는 두루뭉술하게 대답했다. 사회 각 분야에 아시아인이 더 많이 진출했으면 좋겠다고 말했다. 만족스러운 답변은 아니었지만, 글로벌 리더의 중요성을 강조하며 아시아 시장에 주목해야 한다고 말하는 것만으로도 많은 변화가 일어나고 있음을 확인할 수 있었다.

이것은 한국을 비롯하여 아시아 국가들에 기쁜 소식이다. 세계무대에서 아시아인의 활약이 점차 더 중요해질 것으로 예상하기 때문이다. 세계를 향한 문이 우리 앞에 활짝 열려 있다. 세계시장의 무한한 잠재력을 이해해야 할 것이다.

해외취업이 좋은 이유 중의 하나는, 인생의 장기 계획을 세워서 나아갈 수 있다는 것이다. 그런데 한국에서는, 문화적인 배경과 교육 체계 때문인지, 자기의 적성이나 열정보다는 취업이 잘되느냐에 따라 전공을 선택하는 사람이 많다니 안타까운 일이다. 게다가 한국 기업들은 전공보다 학벌을 중시하는 경향이 있다고 한다. 이런 상황이 모두 잘못됐다는 것은 아니다. 누구나 처한 상황이 다르고, 추구하는 가치관이 다르기에 옳고 그름을 함부로 판단할 수는 없다.

그러나 미국에서는 기업들이 학벌보다 전공을 더 중시하므로 자신의 전공을 살려서 취업하는 경우가 많다. 그만큼 현실적으로 기회가 더 많을 수 있다는 뜻이다. 다시 한 번 강조하지만, 해외취업을 진지하게 고려할 때다.

그러나 해외취업에 관해 본격적으로 알아보기에 앞서 무엇보다도 자신이 원하는 것이 무엇인지, 무엇을 잘하는지, 어떤 일이 자신에게 맞는지를 파악하는 것이 중요하다. 자기가 좋아하고, 적성에 맞는 일을 해야 두각을 나타낼 수 있고, 그 분야의 최고가 될 수 있기 때문이다. 체질에 맞지 않는 일을 하면, 당장은 수입이 괜찮을지 몰라도 오래 하거나 더 잘하기는 힘들다. 당신이 단지 생활비를 벌기 위해 그 일을 하는 동안, 당신의 동료는 자기 인생을 걸고 열정을 다해 노력하며 나날이 발전해 나갈 것이기 때문이다.

수저 색깔을 바꿀 수 있는 기회의 땅, 미국

'일과 생활의 균형'(Work-Life Balance)은, 1970년대 후반 영국에서 처음 거론된 개념으로, 미국에서는 1986년부터 쓰이기 시작했다. 서구 사회는 과도한 업무 스트레스가 온갖 질병을 일으킬 뿐만 아니라 대개 퇴사로 이어지기 때문에 결과적으로 회사 경영에, 나아가 나라 경제에 부정적인 영향을 끼친다고 본다. 이를 예방하기 위해 기업들은 유급 휴가를 비롯한 다양한 복리후생 프로그램 개발에 힘써 왔다.

미국 회사원들의 업무 시간은 일반적으로 9시부터 5시까지 하루 8시간, 주 40시간으로 정해져 있다. 회사에 따라 10시부터 6시나 11시부터 7시까지 하는 경우가 더러 있지만 9시부터 5시까지가 가장 흔하다. 다만 은행권, 금융권, 법조계, 디자인계 등 특수 분야는 야근을 하기도 한다.

유럽은 평균 근무 시간이 주 27시간이며 대부분 30시간 미만을 유지한다고 한다. 사생활을 중요시하는 유럽인들은 일하는 시간과 개인 시간을 엄격히 분리한다. 미국 사회도 일과 생활의 균형을 강조하는 편이다. 최근에는 정보기술의 발달로 회사원들이 퇴근 후에도 이메일이나 전화로 업무를 하는 경우가 늘어남으로써 일과 생활의 경계가 모호해진다는 문제의식이 일어나 이를 방지하는 시스템을 모색하는 데 주력하고 있다. 그에 비해 한국의 업무 시간은 끝이 없다.

서구와의 차이는 그뿐만이 아니다. 한국 사회는 "직업에 귀천이 없다"는 말을 흔히 하는데, 실제로는 그렇지 않다는 게 문제다. 얼마 전에 한국의 대학 캠퍼스 환경미화원들이 점심시간도 주지 않는 업무 환경에 차별대우까지 받아 농성을 벌였다는 뉴스를 본 적이 있다. 고급 아파트 주민들이 경비원들을 괄시하고, 백화점에서 이른바 VIP 고객들이 직원들을 하대하며 인격적으로 모독하는 갑질을 했다고 한동안 떠들썩하기도 했다.

그런 뉴스를 접할 때마다 놀랍고, 안타까움을 금할 수 없다. 서구 문화의 관점에서 볼 때 얼마나 충격적인 사건들인지 모른다. 미국에서는 직업 때문에 사람을 얕잡아 보거나 무시하는 일이 없다. 미국은 청교도인들이 세운 나라인 데다 가정이나 학교에서

"모든 직업은 존엄하고 평등하며, 존경받아야 한다"고 배우기 때문인지 "직업에 귀천이 없다"는 사상이 말로만 그치지 않고 문화에 배어 있다.

트럭 운전사든 환경미화원이든 자기가 하는 일을 최고로 여기고 만족하며 살아간다. 언젠가 미국 전역을 다니는 트럭 운전사의 인터뷰를 본 적이 있다. 너무 자유롭고 재미있는 일이라며 자기 일에 만족한다는 그의 얼굴에 자부심이 대단했다. 경찰관이나 소방관은 은퇴 후에 평생 연금을 받을 뿐만 아니라 본인과 가족의 학비까지 국가 보조를 받을 수 있다. 업무상 안전 장비가 충분히 지원되며 안전교육이 정기적으로 시행된다. 혹시라도 불의의 사고로 순직하면 시(市) 차원에서 엄숙하게 장례를 치르며 영웅으로서 그 희생을 추모한다.

또한, 비행기 내에서 승객이 난동을 부리면 승무원은 그를 제압할 수 있고, 다른 승객을 안전하게 보호하는 데 필요한 조처를 할 수 있는 권한이 있다. 그뿐만 아니라 커피숍이나 레스토랑에서 손님이 억지를 부릴 때면 직원은 그를 왕처럼 대접할 의무가 없다고 가르치며, 주변의 다른 손님들도 진상 손님을 비난하고 직원의 편에 서는 것이 일반적이다.

백악관에서 오바마 대통령이 청소부와 친근하게 주먹 인사 (Fist Bump)를 나누는 사진이 세계적으로 화제가 된 적이 있다. 미국에서는 충분히 있을 수 있는 일이며, 이는 직업에 귀천이 없다는 말의 좋은 예가 아닌가 싶다.

오바마 대통령과 관련된 에피소드를 하나 더 소개하자면, 아프가니스탄 전쟁에서 다섯 차례나 적진을 드나들며 동료 장병의 시신을 4구나 찾아내고, 사지에 몰린 동료 13명과 부상한 아프간 민간인 23명을 구해 낸 다코타 마이어(Dakota Meyer) 병장에게 오바마 대통령이 미국 최고 무공훈장인 '명예 훈장'(Medal of Honor)을 수여했다. 생존 해병대 장병으로 이 훈장을 받은 사람은 마이어가 처음이라고 한다. 그는 동료를 구출하는 과정에서 팔에 총을 맞았으면서도 적군 8명을 사살하며 임무를 완수했다. 오바마 대통령이 무공훈장 수여 소식을 직접 알리기 위해 참모들이 마이어에게 전화를 걸었다.

그런데 당시 복무 중이었던 마이어가 "근무 시간에는 일에만 집중해야 한다"며 전화를 받지 않았다. 결국, 점심시간까지 기다렸다가 겨우 통화할 수 있었는데, 대통령은 그의 성실성과 근면함을 높이 평가하며 칭찬했다. 마이어가 대통령과 맥주 한잔 하는 영광을 누리고 싶다고 하자 오바마 대통령이 흔쾌히 응한 바 있다.

오바마 대통령이 유별난 사람이라 벌어진 일이 아니다. 아마도 다른 대통령도 비슷한 반응을 보였을 것이다. 그런데 만약에 한국에서 일개 병장이 대통령의 전화를 거부한다면 어떤 일이 벌어질까? 굳이 말하지 않아도 상상할 수 있을 것이다.

가까운 지인 중에 한국에서 버스 운전사를 했던 분이 있다.

버스 운전사가 한국에서는 그다지 존경받는 직업이 아니었고, 그렇다고 큰돈을 버는 일도 아니었다. 가족과 함께 미국에 이민 온 그는, 영어 한마디 제대로 못 하는 상태에서 가판대 장사를 시작으로 꾸준히 돈을 벌었다. 몇 년 후 가게를 한 군데 내더니, 더욱더 일에 매진해 몇 군데 더 늘려 나갔다. 빈손으로 온 지 20년 만에 그는 고급 주택가 큰 저택에 살며 최고급 차를 모는 삶을 살게 되었다. 고등교육을 받은 것도 아니고, 게다가 이 나라 출신도 아닌데 열심히 일한 만큼 결실을 거둔 것이다.

이 이야기의 핵심은 그가 대궐 같은 집에 살며 고급 차를 몰게 되었다는 것이 아니다. 그의 학력과 배경에 상관없이 기회가 평등하게 주어졌다는 것을 봐야 한다. 일한 만큼 값진 결과를 얻었다는 사실에 주목해야 한다.

물론 미국에 온다고 누구나 다 성공하는 것은 아니다. 그러나 성공을 가로막는 불필요한 장애물이 없다는 것은 분명하다. 요즘 한국은 금수저니 흙수저니 하며 부의 세습만큼이나 가난의 대물림이 갈수록 뚜렷해지고 있다. 족벌과 학벌이 빚어낸 비극이다. 한국인이라면 누구나 공감할 것이다. 그러한 면에서 미국은 족벌과 학벌의 굴레에서 벗어날 기회를 얻을 수 있는 곳이다. 재능이 있고 열정이 있다면 한국보다 성공할 가능성이 상대적으로 높다.

위에서 예로 든 지인의 경우만 해도, 한국에서 버스 운전을 계속했다면, 아니 가판대에서 장사했다면 20년 후에 지금과 같은 부를 쌓을 수 있었을까? 안타깝게도 기적이 일어나지 않는 한 그런 일은 아마도 현실로 일어나지 않았을 것이다.

미국이 혈통과 집안과 학벌에 의해 성공하는 사회라면 기회의 땅으로 불리지 않을 것이다. 당신이 어느 나라에서 왔든지, 어떤 공부를 했든지, 성적이 어땠는지에 상관없이 근면 성실하게 일하기만 하면 그것을 알아주고 인정해 주는 곳이 바로 미국이다.

근성으로 치면 한국이야말로 세계 최고가 아닌가? 한국전쟁 후 폐허가 됐던 나라를 짧은 시간에 재건하여 '한강의 기적'을 이룬 우리가 아닌가! 그러한 근성으로 열심히 하면 누구나 성공할 수 있는 곳이 미국이다. 미국은 출신이나 배경과는 무관하게 성실하고 꾸준하게 일하면 성공하지 않을 이유가 없는 곳이고, 나는 그러한 증거를 셀 수 없이 많이 봐 왔다.

3

영어, 서툴러도 괜찮다

길이 없으면 만들고, 문이 없으면 뚫자

나는 뉴욕대학교에서 비즈니스를 전공했고, 졸업 후에는 30여 년 동안 헤드헌터로서 외길을 걸어왔다. 내가 대학 다니던 시절만 해도 4학년 1학기까지는 학업을 비롯한 다양한 활동에 전념하고, 2학기부터 비로소 취업 인터뷰를 시작했다.

학교가 월가(Wall Street)와 가까워서 주로 증권 회사들이 취업 설명회를 하러 오곤 했다. 미국을 대표하는 투자 금융 회사인 모건 스탠리(Morgan Stanley)가 서류 전형을 통해 5명을 뽑았는데 운 좋게도 내가 그 안에 들었다. 심사자 7명이 학교에 와서 반나절에 걸쳐 면접했다. 늘 그랬듯이 면접장에서 나는 유일한 동양인이었다.

평소 청바지에 후드티를 걸친 후줄근한 모습으로 수업을 듣던 친구들이 고급 양복을 입고 나타나니 말 그대로 신수가 훤해 보였다. 맨얼굴로 다니던 여학생은 화장하고 하이힐을 신고 또각또각 걸어왔다. 순간 그들이 몹시 낯설게 느껴졌다. 그들에 비해 키가 작은 나는 처음 입어 보는 양복이 영 어색하고 불편해서 어깨가 저절로 움츠러들었다. 그 때문에 가뜩이나 왜소한 몸집이 더 작아 보였을 것이다. 주눅이 들어 저 사람들이 왜 나를 뽑았을까 하는 생각에 온종일 멍했다. 자신감이 떨어지니 머릿속이 하얘져서 질문에 답하기가 어려웠다. 그룹 인터뷰 시간에도 내내 소심할 수밖에 없었다.

결국, 인터뷰를 죽 쑤고 말았다. 새삼스레 내가 낯선 땅, 미국에 와 있구나 하고 실감했다. 이민한 지 10년 가까이 된 데다 미국 ROTC를 무사히 마치고 학과 성적도 상위권이었는데, 취업 인터뷰를 망치다니 눈앞이 캄캄했다. 사회에 나가 치열하게 경쟁하게 될 상대들을 미리 만난 느낌이었다.

졸업반 친구들이 일제히 취업 준비에 들어갔다. 그것은 앞으로 평생 이어질 경쟁의 서막에 불과할 뿐이었다. 산 넘어 산이 계속될 것만 같았다. 차라리 한국으로 돌아가 버릴까 하고 영구 귀국을 고려해 보기도 했지만, 이미 한국에서 나는 재외 동포, 반 미국인이라고 불렸기 때문에 오히려 중학교 이후 학창시절을 보낸 미국에서 살길을 찾는 게 그나마 나을 것 같았다. 미국으로 다시 돌아온 나는, 마음을 다잡고 심기일전하기로 했다. 한국계라는 내 배경과 능력을 인정하고, 나를 필요로 할 회사를 찾기로 명확한 목표를 세웠다.

지금이야 삼성, 현대, LG 등 한국의 대기업들이 세계적으로 널리 알려져 있고 영향력을 더욱 키워 가고 있지만, 당시에는 세계무대에서 인정받는 아시아 국가는 일본뿐이었다. 그런 시대에 한국계로서 취업하자니 어떻게 어필해야 할지 몰랐다. 인터넷도 없던 시절이라 격주간 종합 경제지인 〈포춘〉(Fortune)이 발표하는 전미 기업순위에 오른 회사에 이력서와 편지를 일일이 써서 보내야 했다. 한 달 동안 500개 회사에 이력서를 보내고 연락을 취해 봤지만, 답변을 단 한 통도 받지 못했다.

그다음엔 세계 금융의 중심지 뉴욕답게 쟁쟁한 기업들이 많이 입주해 있는 엠파이어스테이트 빌딩에 들어가 꼭대기 층부터 한 층 한 층 걸어 내려오며 괜찮아 보이는 회사에 무작정 들어가 이력서를 제출했다. 그러다가 한국 대기업의 지사 사무실에도 들어갔다. 그들은 나를 신기한 듯 쳐다보더니 커피를 대접해 주었고, 혹시 한국 회사에서 일할 생각이 있으면 연락하라며 격려해 주었다.

취업의 길은 멀고 험했다. 내세울 만한 경력이나 인맥이 없으니 정말 막막했다. 열망은 절실했지만 도움을 청할 곳이 없었다. 정녕 나를 도와줄 사람도 뽑아 줄 곳도 없단 말인가. 아무 데도 길이 보이지 않았다.

나와 같은 상황에 놓인 사람이 분명히 많을 텐데…. 수요는 많은데 공급이 없다니…. 수요와 공급이라…. 아하, 이것은 마케팅의 기본 개념이 아닌가! 그렇다. 나같이 도움이 필요한 사람들을 돕는 일을 하면 된다. 길이 없으면 만들고, 문이 없으면 뚫으면 되는 거다. 내 나이 23살에 발상의 전환을 실천으로 옮겼다.

취업 준비생으로서의 경험을 바탕으로 나만의 비즈니스 모델을 개발했다. 심혈을 기울여 견고하게 만든 만큼 시장에 내놓기만 하면 대박이 날 것으로 생각했다. 문제는 자본금인데, 대학 졸업 후 전문직에 종사하고 있는 형이 둘이나 있으니 해결할 수 있었다. 내 자랑스러운 비즈니스 모델을 형들에게 자신 있게 소개한 후 2천 불씩 투자받았다. 30년 전이니 결코 적은 돈이 아니었다. 형들은 "진오야, 돈은 안 갚아도 되니까 빨리 시작해서 빨리 망하고, 정신 차리고 취직이나 해라" 하고 충고해 주었다.

원래 자기 확신이 강한 사람이라 다른 사람의 말에 아랑곳하지 않기도 했지만, 무엇보다 내가 만든 비즈니스 모델에 자신이 있었다. 형들에게 받은 4천 불과 내가 모은 1천 불을 합친 5천 불을 자본금으로 맨해튼 중심부에 사무실을 얻었다. 30년이 지난 지금까지 매일 출근하는 곳이다.

호기롭게 사무실을 차리고 나서 열심히 홍보하러 다녔다. 수많은 사람에게 나의 신선한 아이디어를 들려주었는데, 그중 누군가가 무심히 대꾸했다.

"그러니까 당신은 헤드헌터(headhunter)이군요?"

그제야 내가 개발한 비즈니스 모델이 이미 몇십 년 전에 세상에 나온 헤드헌팅 모델과 일치한다는 사실을 알게 되었다. 순간 절망에 빠졌다.

하지만 곰곰이 생각해 보니 내 아이디어가 뜬구름 잡는 생각은 아니라는 증거일 뿐이었다. 콘셉트를 보완하여 새 단장을 하기로 했다. 나와 같은 아시아인을 미국 회사에 연결해 주는 것으로 특화한 것이다. 그렇게 해서 1987년에 개업하여 나는 이 분야 최초의 헤드헌터가 되었고, 30여 년간 일하는 내내 나의 자부심이 되었다.

처음 콘셉트는 아시아계 미국인을 미국 회사에 연결하는 것이었다. 그런데 예상했던 것과 달리 한국 회사에서 연락이 많이 오기 시작했다. 그도 그럴 것이 1980년대 후반은 한국의 대기업, 은행, 무역 회사 등이 미국에 대거 진출하던 시기였다.

당시 한국 본사에서 파견한 임원직을 제외하고 현지 법인의 직원들은 거의 다 내가 뽑았다고 해도 과언이 아닐 만큼 사업이 번창했다. 미국의 인사 구조, 노동조합 등에 익숙하지 않은 한국 회사들에 인사 관리 시스템을 구축해 주고, 인사 관리 매뉴얼을 작성해 주기도 했다. 고객 중 한 명이 동종 회사를 차리기까지 14년간 경쟁 회사가 없었기에 이 분야에서 가장 널리 알려진 회사로 성장할 수 있었다.

엉터리 영어에 관대한 미국

나는 한국에서 중학교 2학년을 마치고, 15살 때 부모님을 따라 미국 펜실베이니아 주 필라델피아에 이민했다. 바로 중학교 3학년 과정에 등록했다. 처음에는 영어에 대한 부담감 없이 마음이 편했다. 못하는 게 당연하다고 생각했다. 한국에서는 다들 미국에서 6개월만 살면 입이 트이고, 1년을 살면 귀가 뚫릴 것이라고 했다. 정말로 그렇게 될 줄 알았다. 그런데 막상 살아 보니 다 말도 안 되는 소리였다.

1년이 지나도록 수업 시간에 선생님의 설명을 잘 알아듣지 못했고, 친구들처럼 자신 있게 내 생각을 발표할 수도 없었다. 의사소통이 안 되니 자괴감이 들고 한없이 우울해졌다. 자존감이 낮아져 더욱더 내성적인 아이가 되어 갔다. 3년쯤 지나고 나서야 비로소 주눅 들지 않고 내 의견을 전달할 수 있을 정도가 되었다.

그러한 과정을 직접 겪은 사람으로서 분명히 말할 수 있다. 1년 만에 외국어를 능숙하게 하는 것은 누구라도 불가능하다는 것이다. 말을 배우는 어린아이가 아닌 이상, 모국어가 이미 배어 있는 사람이라면 말이다.

학자들에 의하면 언어 습득 능력은 12~13살 전에 완성된다고 한다. 13살 이후에 외국어를 새로 배운다면 그 언어에 능통하게 되는 것은 거의 불가능한 일이라고 한다. 내 개인적인 경험에 비춰 봐도 맞는 말인 것 같다. 미국에서 40년 가까이 살아왔지만, 아직도 영어가 내 언어라는 생각이 들지 않는다.

한국에서 태어나 쭉 살아온 사람이라면, 20~30대 젊은이라고 해도 영어가 모국어처럼 편하지는 않을 것이다. 알다시피 외국어 실력은 하루아침에 갑자기 확 늘지 않는다. 특히 20대를 넘어서 본격적으로 영어를 배운다면 분명히 한계가 있을 것이다. 영어가 아닌 어느 외국어를 배워도 마찬가지다.

그러니 미국 취업을 준비하는 사람에게 이런 조언을 해 주고 싶다.

"영어 공부에 목숨 걸지 마라."

현실적으로 접근하는 것이 중요하다. 외국어이니만큼 1~2년 만에 해결될 문제가 아니기 때문이다. 물론 영어를 잘하는 것이 중요하다. 하지만 완벽할 필요는 없다. 어느 정도 의사소통이 되면 그때부터는 영어를 많이 아는 것보다 많이 하는 것이 훨씬 더 중요하다.

미국은 이민자들로 이루어진 나라이니만큼 엉터리 영어 (broken English)에도 관대한 편이다. 이민자들은 계속해서 미국에 들어오고 있고, 영어가 모국어가 아닌 사람들이 다양한 분야에서 일하고 있다. 영어를 완벽하게 구사하지 못해도 미국인들의 상사가 되어 업무를 지시할 수 있다. 심지어 미국에서 성공한 외국인 중 영어 실력이 엉망진창인 사람은 셀 수 없이 많다.

실제로 악센트만으로 상대방을 판단하고 얕잡아 보거나 대놓고 무시하는 경우는 많지 않다. 혹시라도 그런 일이 있으면 인종차별로 간주한다. 미국에서 인종차별은 굉장히 민감한 문제로, 특히 업무 현장에서 나이, 피부색, 국적 등의 차별을 금지하는 사항이 상당히 꼼꼼하게 규정되어 있다. 그러니 아무도 함부로 하지 못한다.

한마디로 당신의 영어가 완벽하지 않고 서툴더라도 괜찮다. 그들은 당신의 서툰 영어를 주의 깊게 들어줄 것이다. 그러니 자신 있게 말하라. 영어 공포증이나 울렁증을 앓는 사람이 많은데, 공부를 할 만큼 했어도 자신감이 모자라 제대로 표현하지 못한다면 이는 곧 불이익으로 이어지곤 하기 때문이다. 문법이 틀려도 되고 발음이 완벽하지 않아도 된다. 무슨 말이든 자신감을 갖고 표현하는 것이 중요하다.

물론 영어를 전혀 못 하는데 미국에서 일하겠다는 것은 어리석은 짓이다. 그러나 요즘 한국의 20~30대 젊은이들은 대부분 초등학교 때부터 영어 교육을 받아 와서 그런지 기본기를 갖추고 있는 경우가 많다. 자신감을 가져도 된다.

미국인과 미국 문화에 대한 이해가 높으면, 비록 그들의 말을 다 알아듣진 못해도 눈치코치로 상황을 판단할 수 있다. 마음 편히 먹고 미국 드라마, 일명 미드를 보며 트렌드를 익힌다면 영어로 크게 손해 보거나 뒤처지는 일은 거의 없을 것이다.

어차피 영어는 우리의 모국어가 아니다. 필요한 만큼만 하면 되는 외국어일 뿐이다. 일상 회화가 된다면 그 이상은 일하는 데 필요한 전문 용어만 알면 된다. 사실 한국에서 업무에 필요한 영어를 배우는 데는 한계가 있다. 그러니 영화나 드라마 등 매체를 통해 미국 문화에 익숙해지고, 전공 분야와 관련된 영어를 찾아서 공부하는 편이 현명하며 실질적으로 도움이 된다. 이것은 철저히 내 경험에서 우러나온 조언이다.

지금까지 배운 것으로도 충분하다

80년대 중반, 대학 시절에 ROTC 활동을 했다. 3학년 여름방학 때 노스캐롤라이나 부대에서 훈련받았던 일이 가장 기억에 남는다. 노스캐롤라이나는 사막같이 덥고 건조한 날씨에 지대가 높아서 조금만 뛰어도 숨이 턱까지 차오르므로 훈련받기에 힘든 곳으로 유명하다.

그곳에서 보낸 6주가 내 인생에서 가장 힘들었던 기간이었다. 매일 서너 시간만 자고 새벽 일찍 일어나 땡볕에서 훈련받아야 했다. 하루하루 인간의 한계점을 시험하는 듯했다. 신체 훈련은 누구나 똑같이 받는 것이기 때문에 그나마 견딜 수 있었는데 정신적으로 버텨 내는 것이 무척 힘들었다.

30여 년 전에는 인종 차별이 있었다. 흑인을 비하하는 농담이 아무렇지도 않게 오갔다. 유색 인종에 대한 대우가 지금과는 사뭇 달랐던 시절이다. 동양인은 영화나 드라마에서 우스꽝스러운 캐릭터로 묘사되었는데 남자는 중국집 배달원이나 갱단 멤버나 브루스 리(이소룡) 같은 쿵후 마스터로, 여자는 대개 접대부로 등장했다.

군대에서 동양인은 고사하고 흑인도 찾아보기 힘들었다. 우리 부대에서 나는 유일한 동양인이었다. 그때 받은 차별과 정신적인 고통은 말로도 글로도 다 표현할 수 없을 정도였다는 것만 밝히겠다.

하루에도 수백 번씩 그만두자고 마음먹곤 했다. 그러던 어느 날, 노스캐롤라이나 산꼭대기 훈련 부대에 어머니가 보내신 소포가 도착했다. 상자를 열자 어머니의 손편지와 냄새가 나지 않도록 꽁꽁 싼 김이 들어 있었다. 집에서 정성스럽게 구운 김을 보는 순간, 나는 무너져 내렸다. 그 자리에서 30분이 넘게 대성통곡했다. 오늘까지 그렇게 울어본 적은 다시 없었다. 그때까지 군대에서 차별받으면서도 꾹꾹 눌러 왔던 서러움이 눈물로 씻겨 가는 듯했다.

그날 나는 다시 태어났다고 해도 과언이 아니다. 내가 지금 하는 모든 일과 나를 지탱해 주는 정신력에 시작점이 있다면, 그것은 아마도 그날 흘린 눈물과 함께 심긴 작은 씨앗일 것이다. 동양인으로서 사명감 같은 것이었다. 그 씨앗을 가슴에 심은 뒤 지옥 훈련을 끝까지 잘 마칠 수 있었다.

대학교를 졸업하고 소위에 임관한 후 버지니아에서 장교 교육을 받았다. ROTC 때와 달리 훈련은 주로 실내에서 이루어졌다. 정신적으로도 많이 편안해졌다. 당시 그곳에 모인 미국 군인들은 나름 대학 교육을 받은 지식인들임에도 불구하고 영어 실력이 부족해서 문법 시험을 보게 했다. 국군 장교 교육 때 국어 시험을 봤다고 생각하면 이해하기 쉬울 것이다.

영어 문법 시험에 통과하지 못하면 초등학생처럼 나머지 공부를 해야 했다. 40명이 한 소대였는데 우리 소대에서 나를 포함한 단 두 명만이 시험에 통과했다. 한국의 문법 위주 교육이 빛을 발하는 순간이었다. 일과 후 훈련생 38명을 뒤로 하고 교실을 가벼운 발걸음으로 나설 때의 기분은 정말이지 꿀맛 같았다.

장교가 되면 상사에게 브리핑할 일이 많아진다. 이때 브리핑이란 작전이나 군대 소식 등을 보고하는 것이다. 군대에서는 특히 원활한 의사소통이 필수적이기 때문에 매일 연습을 시키며 시험도 본다. 한 달 전에 미리 주제를 알려 주어 연습할 시간을 주었다. 시험을 보고 나면 100점 만점을 기준으로 점수가 매겨지니 마치 학교 시험을 보는 것 같았다. 훗날 승진에 반영이 되는 만큼 교육생이라면 누구나 높은 점수를 받기 위해 노력했다.

그때까지 교육원의 최고 점수는 84점이었다고 한다. 그런데 한국에서 온 동양인 이민자인 내가 94점으로 기록을 깼다. 여전한 한국인 악센트에 구사하는 문법도 완벽하지 않았지만, 듣는 사람으로 하여금 자기에게 직접 말하는 것 같은 느낌을 주는 것이 좋았다는 평을 들었다. 바로 그것이 군대에서 말하는 간결하고 정확한 커뮤니케이션의 예시라고 했다.

훈장을 받는데 바보처럼 눈물이 줄줄 흘렀다. 기쁨의 눈물이라기보다 그동안 서러웠던 날들에 대한 보상을 받은 것 같아 감개무량해서 흘린 눈물이었다. 미국에 와서 말이 안 통해서 받았던 설움과 차별의 순간이 머릿속에 스쳐 지나갔다. 온 가족이 이민

생활에 적응하느라 보냈던 힘든 날들이 주마등처럼 지나가자 눈물이 멈추지 않았다.

나에게는 단순한 훈장이 아니었다. 이민한 지 8년 만에 미국인들을 제치고 인정받은, 그야말로 인간 승리의 훈장이었다. 비록 영어 발음이 어눌하고, 문법적으로 완벽하지 않더라도 괜찮다는 사실을 비로소 깨달았다. 그때 처음으로 이 땅에서 못할 것이 없겠구나 하는 생각이 들었다.

미국인들이 완벽한 영어를 구사할 거라는 생각은 근거 없는 선입관일 뿐이다. 움츠러들지 않아도 된다. 세계 각국에서 온 이민자들이 미국 시민이 된다. 발음이나 문법을 정확하게 하는 것보다는 메시지를 명확히 자신 있게 전달하는 것이 훨씬 더 중요하다. 그것이 바로 미국식 커뮤니케이션이다. 한국 공교육에서 배운 영어만으로도 미국에서 충분히 일할 수 있다고 나는 확신한다.

한국 대학교에 특강을 가면 꼭 받는 질문 중 하나가 "어떻게 하면 영어가 빨리 늘까?"이다. 나는 늘 같은 대답을 한다.

"많이 보고, 많이 들어라."

빤한 대답일지 모르지만, 외국어 공부는 많이 접하는 것보다 더 좋은 방법이 없다.

내가 중학교 때 이민 와서 영어 공부를 하며 가장 효과를 많이 봤던 방법은 바로 미국 드라마 시청이었다. 드라마는 영화와 달리 주제가 가볍고 대화의 양이 아주 많다는 것이 장점이다. 영어 회화 학원을 백날 다니는 것보다 드라마 한 시즌을 몇백 번 돌려 보는 것이 더 효과적이다. 학원에서 가르치는 정통 영어보다 실생활에 쓰이는 영어를 백배는 더 배울 것이다.

특히 드라마를 잘 선택하면, 법률이나 의학 등 전문 분야의 영어를 익힐 수 있다. 어려운 단어라도 이야기 흐름을 따라 듣다 보면 대충 알아듣게 된다. 재미있는 드라마를 보면서 익히는 영어는 귀에 쏙쏙 들어오게 마련이다.

당시 나는 장수 인기 드라마인 〈제너럴 호스피털〉(General Hospital)의 광팬이어서 이미 본 에피소드를 또 돌려 봐도 처음 보는 것처럼 재미있었다. 이민 초기에 내게는 이 드라마가 가장 큰 선생이었다. 미드 시청은 한국에서도 충분히 활용할 수 있는 손쉬운 방법일 것이다.

미국에서 태어나지 않은 이상, 영어는 영원히 풀리지 않는 문제가 될 수밖에 없다. 수많은 이민자와 유학생이 공감할 것이다. 그러나 영어 자체에 대한 부담감은 떨쳐 버려도 된다. 중요한 것은 전하고자 하는 메시지다. 어떻게 전달하는가보다 무엇을 전달할 것인가에 집중하라. 웬만한 미국인들은 안다. 당신이 영어에 능통하지 않은 것은 곧 능통한 다른 언어가 있다는 뜻임을….

이것은 내가 40년에 걸쳐 눈물을 몇 바가지나 쏟아 내고 얻은 교훈이다. 당신에게 조금이라도 깨달음을 줄 수 있기를 바란다.

당신의 영어가 완벽하지 않고 서툴더라도 괜찮다. 그들은 당신의 서툰 영어를 주의 깊게 들어줄 것이다. 문법이 틀려도 되고, 발음이 완벽하지 않아도 된다. 무슨 말이든 자신감을 갖고 표현하는 것이 중요하다.

Chapter 2

세상의 응원을
당신만 모른다

넘쳐나는 정보를 현명하게 선별하기

1
환영받는 직종을 공략하라

이공계 인력난에 시달리는 미국

미국에서 취업하는 데 가장 큰 영향력을 행사하는 것은 다름 아닌 '법'이다. 세계의 많은 인재들이 미국에서 자유롭게 일하지 못하는 데는 이유가 있다. 이민법 규제가 있기 때문이다.

외국인에게 취업을 허용하는 H-1B 비자(전문직 취업 비자)의 경우 1년에 85,000명으로 그 수가 엄격히 제한되어 있다. 그중에 60,000명 정도는 인도인이 차지하고 있으니 실로 엄청나다. 나머지 정원 25,000명을 다른 나라 출신 지원자들이 나눠 가진다.

아시아에서는 이처럼 인도가 미국 취업에서 가장 큰 비중을 차지하는데, 그들은 대부분 컴퓨터와 관련된 업종에 종사한다. 그 다음으로 중국이, 최근에는 베트남과 필리핀이 부상하고 있다. 유럽은 예전에는 아일랜드가 가장 강했지만 요즘은 동유럽 국가 출신들이 늘어나는 추세다. 특히 IT 분야에서 동유럽 출신들이 주목받고 있다. 세계적인 IT 강국 하면 인도 다음으로 동유럽 국가들을 꼽을 정도다.

미국 이민국(USCIS)에서 조사한 자료를 보면, 취업 비자 발급 국가 상위 5개국의 발급 건수를 알 수 있다. 2014년 기준으로, 전체 31만 건 중에 22만 건이 인도인에게 발급되었다. 어마어마하다. 그다음 중국, 캐나다, 필리핀, 한국 순이며, 한국 다음에는 영국, 멕시코, 대만, 프랑스 등이 있다.

<국적별 취업 비자 발급 현황>

국적	전체 발급 건수		신규 발급 건수		갱신 건수	
	2013	2014	2013	2014	2013	2014
인도	187,270	220,286	81,992	82,263	105,278	138,023
중국	23,429	26,393	12,651	13,708	10,778	12,685
캐나다	7,971	6,853	3,096	2,561	4,875	4,292
필리핀	6,152	5,157	1,673	1,318	4,479	3,839
한국	4,843	4,390	2,310	2,012	2,533	2,378
전체	286,773	315,857	128,291	124,326	158,482	191,531

주: 회계연도 기준, 2015년 9월 기준 정보
출처: 미국 이민국(USCIS)

미국에 경제 위기가 닥치기 전에는 이공 계열의 인재가 턱없이 모자라 취업 비자 허용치를 두 배 가까이 늘려서 1년에 15만 명 이상이 고용되기도 했다. 그러나 경제 위기 이후에는 외국인보다 자국민에게 기회를 더 많이 부여하기 위해 1년에 85,000명으로 제한한 것이다.

구글, 마이크로소프트, 페이스북 등 세계적인 IT 기업이 있는 미국이지만 일반적으로 이공계 공부를 어려워하며 선호하지 않기 때문에 인재 확보에 어려움이 많은 편이다. 컴퓨터 관련 공학이 나날이 발전하고 있고, 관련 직업이 늘어나는 이상 이공계의 인력 부족 현상은 계속될 것으로 보인다.

인력난을 겪는 컴퓨터 기업들, 특히 마이크로소프트의 빌 게이츠나 페이스북의 마크 저커버그는 실리콘밸리 벤처 기업 대표들과 함께 이민법 개정을 강력히 주장하며 꾸준히 로비하고 있는 것으로 알려져 있다. 그들은 현재의 취업 비자 정원이 턱없이 부족하다고 주장하며, 두세 배 이상 올리거나 아예 제한을 없애자고 말하고 있다. 미국은 이민자에 의해 세워진 나라이므로 이민자 없이는 미국의 미래도 없다고 주장하기도 한다.

또한, 기본적으로 H-1B 비자를 신청할 수 있는 사람은 대학 교육을 받은 인텔리이자 미국에서 필요로 하는 인재인데, 미국에서 교육받았으면서도 비자 문제로 자국으로 돌아가야 한다면 결국 미국에 손해라고 주장한다. 구글이나 애플 같은 세계적인 기업을 더욱 발전시키는 것만큼 미국의 경쟁력을 높이는 데 중요한 것은 없다고 보는 것이다.

그런데 사실 비자 문제는 정치적인 사안이다. 미국 경제를 활성화하는 방안으로 H-1B 비자를 확대하는 데에 반대하는 이들은 거의 없다. 그러나 천만 명에 달하는 멕시코인 불법체류자를 보호하려는 민주당과 경제 발전을 위해 취업 비자만 허용해야 한다고 주장하는 공화당의 견해차가 수년간 좁히지 않은 채 풀리지 않는 숙제로 남아 있다.

만약에 민주당 출신의 버락 오바마 대통령 이후에 공화당 대표가 대통령이 된다면 취임 즉시 비자 법이 바뀔 가능성이 크다. 오랫동안 취업 비자의 상한선을 늘리는 쪽을 주장해 온 공화당으로서 새 대통령이 임기를 시작하는 시점이 큰 사안을 결정하는 데 가장 적기이기 때문이다. 만약 그렇게 된다면 취업 비자의 정원이 대폭 늘어날 것이고, 특히 미국이 필요로 하는 이공계 인재들에게 많은 기회가 주어질 것이다.

뜨는 직업, 지는 직업

미국 경제는 2008년 리먼브라더스홀딩스(Lehman Brothers Holdings, Inc.)의 붕괴와 더불어 시장이 크게 흔들렸다가 지금은 많이 회복되었다. 얼마 전에 발표된 자료를 보면, 미국의 실업률이 정상 수준으로 회복했음을 알 수 있다. 최악일 때 실업률이 거의 10%에 달했는데, 현재는 5% 정도로 떨어졌고 앞으로 조금씩 더 향상될 것으로 전망된다.

실업률이 낮아진 것은 매우 긍정적인 지표이긴 하지만 수치상 회복보다 미국 내 취업 시장의 달라진 양상을 이해하는 것이 필요하다. 요컨대, 로봇으로 대체 가능한 직업이 늘어나고 있으며,

이미 많은 산업에서 로봇이 인력을 대체하고 있다. 그뿐만 아니라 인터넷과 기술의 발전으로 많은 직업군이 도태되고 있다. 분야에 따라 새로운 직업이 탄생하기도 하고, 많은 직업이 사라져 간다. 새로운 시대가 열린다는 뜻이다.

실제로 은행의 모바일 뱅킹이나 인터넷 뱅킹으로 창구 직원의 수가 현저히 줄어들었고, 음원 스트리밍 서비스가 등장한 이래 지난 10여 년 사이에 전 세계적으로 음반 판매장이 거의 자취를 감추었다. 요즘 미국에서는 약국 체인점이나 생필품 가게에 가면 계산대에 직원 대신 기계가 서 있어서 고객이 직접 계산하는 시스템으로 바뀌어 가고 있다. 예전에는 직원 다섯 명이 일해야 했다면, 이제는 기계 다섯 대와 관리자 한 사람이면 충분하다는 것이다. 은행의 자동입출금기(ATM)가 날이 갈수록 더 섬세해지고 더 스마트해지고 있다. 기계나 로봇으로 대체될 수 있는 직업군은 대거 사라질 것으로 예상된다.

그와 반대로, 정보통신 분야, 즉 IT 업계는 앞으로 더욱 성장하며 그 영향력이 커질 것으로 보인다. 우리 생활이 편리해지고, 사람보다 기계나 컴퓨터에 기대는 일이 많아질수록 IT와 관련된 직업이 계속해서 늘어날 것이다. 몇 년 전만 해도 휴대전화로 이메일을 확인하는 것은 생각하지 못했는데 지금은 일상이 된 것만 봐도 알 수 있다. 분야를 막론하고 공학적인 방식의 수요가 날로 늘어날 것이므로 수학을 비롯한 순수 과학 계열 전공자가 필요한 직업이 늘어날 것으로 예상한다.

최근 몇 년간 뜨고 있는 분야로 디지털 마케팅을 꼽을 수 있다. 전통적인 마케팅은 이미 내림세로 접어들었다. 헤드헌터로서 마케터를 구하는 요청을 받아 본 지가 2년이 넘었다. 최근에는 디지털 마케팅 분야의 전문가만 찾고 있다. 그 외에 재생에너지, 생명공학 등이 크게 성장하고 있으며 전망이 밝은 분야다.

10년 뒤에는 사회가 지금의 모습과는 많이 달라져 있을 것이다. 대체로 이과 계열 전공자가 상대적으로 유리할 것으로 보인다. 미국인들은 전반적으로 수학과 과학 등 이공 계열에 약한 편이라 이쪽 분야의 인재가 늘 턱없이 부족하다. 미국 대학 이공계 전공자의 절반 이상이 유학생이며 그중 동양인이 특히 많다.

미국의 수학 교과 과정이 한국보다 훨씬 쉽다는 것은 많이 들어 봤을 것이다. 한국에서 공부할 때 전 과목에서 수학을 제일 못했던 내가 미국에 오니 수학 천재 아니냐는 소리를 들었을 정도다. 그 정도로 수학의 난이도가 한국이나 일본 등 아시아 나라들과 비교하면 현저히 낮다. 그래서인지 세계 최고의 명성을 가진 매사추세츠공과대학교(MIT)도 학생의 절반 이상이 동양인이며, 캘리포니아공과대학(UCLA Caltech)은 그보다 동양인의 비율이 더 높다.

한국에 비해 미국은 시장이 훨씬 크고 장기적인 투자가 이루어지는 곳이므로 이공계 출신이면 어디를 가나 환영받는다. 수학이나 과학 등 이과 쪽에 흥미와 재능이 있으면 장차 직업은 떼 놓은 당상이라고 말할 정도다. 게다가 취업 비자(H-1B)를 스폰서 하는 기업의 80%가 정보기술, 공학 등 이공계열이니 해외 취업에 무척 유리하다.

이공계의 취업 전망이 매우 밝은 데 비해 문과 계열은 상대적으로 매우 암울하다. 특히 인류학, 역사학, 심리학 등 인문학 전공자들의 취업이 쉽지 않다. 그쪽 계통의 공부를 하기 위해 미국에 유학하거나 인문학 전공자가 취업하러 오고 싶다면 심사숙고해서 결정해야 한다. 미국인들도 취업하기 어려운 전공들이기 때문이다. 영어로 소통이 완벽하게 이루어지지 않는 외국인 문과 전공자가 미국인들과 취업 전선에서 경쟁하겠다는 것은 어리석은 생각이다.

한때 증권 계통 특히 투자 증권 쪽이 호황이었는데 최근에는 급격히 사그라지고 있다. 경제 위기를 거치면서 정부의 규제가 강화되자 기업들이 운신의 폭을 대폭 줄였기 때문이다. 게다가 기계화로 인해 사람을 위한 일자리가 많이 줄어들었고, 앞으로도 계속 줄어들 추세다. 불과 10년 전만 해도 MBA 출신들이 가장 선호하는 직장으로 투자 은행을 꼽곤 했는데 지금은 전혀 달라졌다.

미래에 주목받을 분야로 의료 및 건강관리(health care) 산업을 꼽을 수 있다. IT 분야만큼이나 전망이 밝다. 대부분의 선진국은 이미 고령사회에 접어들었고, 일본도 1994년을 기점으로 고령

사회로 진입했다. 우리나라는 2000년에 고령화 사회로 진입하여, 2020년경 고령사회로, 2026년에는 초고령사회에 도달한다고 하니 서구 선진국들을 본보기로 삼으면 될 것이다.

노인 인구의 증가로 의료계 전반이 유망 직종에 올랐지만 유독 간호업계만은 다른 양상을 보이고 있다. 몇 년 전까지만 해도 동양인 간호사들이 미국으로 많이 유입했다. 병원의 수효보다 늘 공급이 모자라 간호학 전공자나 졸업생들을 모셔 가곤 했다. 그런데 근래에는 오히려 인력이 남아돈다는 얘기가 들려오고 있다.

미국에서는 간호사 중에서도 공인 간호사(Registered Nurse, RN)를 선호한다. 평간호사로 일하다가 승진하고 싶으면 대학원 교육을 받아야 한다. 평간호사 중에 외국인의 수가 아직은 적지 않은데 필리핀, 말레이시아 등 동남아 출신이 두드러지는 실정이다. 예전에는 한국이 간호사 인력 수출의 1등 국가였는데, 간호사 일이 힘든 직종에 속하기 때문에 요즘은 한국인의 지원이 많지 않은 상태다. 즉 1960~70년대에 한국이 못 살 때는 힘든 일이라도 하려고 하는 사람이 많았는데 지금은 한국도 잘살기 때문에 굳이 미국까지 와서 그런 힘든 일을 하려는 사람이 많이 줄어든 상태라고 볼 수 있다.

또 미국에서도 간호사라는 직업이 교육 기간에 비해 연봉이 좋고 각광 받기 시작하면서 지원자가 크게 늘어났다. 미국인들이 간호사에 많이 지원하게 되니 굳이 외국에서 인력을 수급할 필요성이 없어진 것이다. 외국인에게 영주권과 취업 비자를 주고 고용하지 않아도 될 만큼 자국민 지원자가 늘었기 때문이다.

그러므로 간호사로 미국에 취업하기 원한다면 수시로 동향을 파악해 보기를 권한다. 병원 간호사만이 아니라 제약회사의 임상 간호사, 가정방문 간호사 등 다양한 형태가 있으니 폭넓게 조사할 필요가 있다. 그 외에 치위생사, 임상 병리사 등 전통적으로 인기 있는 의료 분야의 직업들이 계속해서 호황을 누릴 것으로 전망된다.

의료 계통에 관심 있는 사람이 알아야 할 것 중 하나가 건강보험개혁법, 일명 오바마케어(Obama care)이다. 오바마케어가 정식으로 시행되기 시작한 2014년부터 제약회사나 병원 등 모든 의료 관련 회사와 기관들이 눈치작전을 벌이고 있다. 이후 향방을 뚜렷이 알 수 없는 상태이기 때문이다. 재정 부담과 일자리 감소 등을 이유로 오바마케어에 반대해 온 공화당이 50여 차례 폐지 법안을 발의하였으나 번번이 실패했고, 오바마케어 보조금에 대한 위헌 여부를 대법원에 물었지만 2015년 6월 합헌 결정이 내려졌다. 그런데도 공화당 측은 법 폐지를 위해 계속해서 노력할 것이라고 공공연히 말하고 있다.

오바마케어는 버락 오바마 대통령이 2008년 대선 공약으로 내걸어 당선 후 전 국민 건강보험 혜택을 위해 개혁을 시행함으로써 의료 보험 업계를 뒤집어엎은 사건이다. 아마도 그가 해낸 가장 용감하고 역사적인 업적이 아닌가 생각한다. 주지하다시피 미국은 너무 비싼 보험료 때문에 오랫동안 골치를 썩여 왔다. 보통 한 달 보험료가 우리 돈으로 100만 원에서 150만 원 정도 되었는데, 회사가 그중 일부를 부담해 주기도 하지만 일반 직장인들이 부담하기에는 벅찬 금액이었다. 직업이 마땅치 않은 사람에게 의료 보험 혜택은 꿈에도 생각하지 못하는 경우가 많았다. 이러한 현실을 꼬집은 마이클 무어의 다큐멘터리 영화 〈식코〉(Sicko)가 주목을 받기도 했다.

오바마케어의 기본 콘셉트는 전 국민이 합법적으로 의료 보험 혜택을 받을 수 있게 하는 것이다. 즉 보험료를 대폭 낮추어 많은 이들이 가입하게 함으로써 가난한 사람들도 혜택을 받을 수 있도록 하는 획기적인 시스템이다. 지난 50여 년간 미국 의료계에서 가장 큰 변화로 꼽힌다.

자칫 병원이나 보험회사들이 줄줄이 망하지 않을까 하는 우려가 있었지만, 현재 보란 듯이 순항 중이다. 훌륭한 개혁이라고 생각하여 우리 회사도 가입했다. 보험 가입자들은 저렴하게 혜택을 받을 수 있으니 좋고, 보험 회사는 가입자 수가 대폭 늘어서 좋다. 병원도 오바마케어가 시행된 후에 더 많은 환자들이 방문한다고 하니 결국 서로서로 좋은 셈이다. 결론적으로 미국의 건강관리 업계와 의료보험 비즈니스는 앞으로도 더욱 성장하리라 예상된다.

전공별 취업 가능성

이번에는 전공 분야별로 취업 가능성을 알아보자.

첫째, 이공 계열(STEM). 과학, 기술, 공학, 수학을 가리키는 STEM(Science, Technology, Engineering and Math)은 전형적인 이공계열로 미국에서는 늘 인력이 부족한 분야다. 그러니 외국인이 취업하기에 용이하고 나아가 전문가로서 성공할 가능성이 크다. 또한, 세계 무대에서도 리더가 될 수 있다.

대학 졸업 후 취업하여 5~10년 정도 경력을 쌓으면 리더 자리에 오르게 된다. 만년 신입사원일 수는 없기에 타고난 지도자건 아니건 간에 한 분야에서 10년 이상 몸담다 보면 승진하여 부하 직원을 거느리게 마련이다. 이때 기술적인 배경이 있는 사람이 그렇지 않은 사람보다 훨씬 경쟁력이 있다. 실제로 미국 기업의 임원 중 기술 분야의 배경 지식이 있는 사람이 가장 많다. 심지어 군대에서도 대령급 중에 이공계 전공자가 많다.

금융계 임원들도 마찬가지다. 경제학과 출신보다는 수학 같은 특정한 분야에 전문 지식을 가진 사람이 많다. 미국 기업에서 성공한 한국인도 공학이나 화학, 의학 등 전문 분야의 경력이 있는 사람이 많다. 미국 사회에서 가장 존경받는 한국인으로 꼽히는 김용(Jim Yong Kim) 세계은행 총재는 아시아인 최초로 아이비리그 총장에 선출된 바 있다. 그 또한 의학박사 출신으로 경제 분야의 거물이 된 경우다.

인종차별에 민감한 미국이지만 아직도 보이지 않는 차별이 존재하는 것이 사실이다. 그러나 수학이나 기술 같은 전문 지식이 있으면 자신의 의견을 수치로 정확하게 뒷받침해 줄 수 있으므로 어디서든 무시당하지 않을 수 있다. 중요한 토론이 오갈 때 정확한 수치와 예상 가능한 자료를 전면에 내세워 의견을 피력하는 사람은 그렇게 하지 않는 사람보다 말에 무게가 실리는 법이다.

이공계 출신이 대인 관계, 의사소통, 리더십 등을 활성화할 수 있는 능력, 즉 소프트스킬(Soft Skill)을 갖춘다면, 미국을 비롯한 세계무대에서 성공할 기회가 훨씬 많다고 하겠다.

둘째, 비즈니스(MBA). 경영학 석사 학위(Master of Business Administration)인 MBA는 통계학, 회계학, 금융학 등을 포함하는 양적 분야와 마케팅, 경영학 등을 포함한 질적 분야 두 갈래로 나뉜다. 둘 중에 양적 분야가 상대적으로 일자리가 더 많고, 세계무대에서 성공할 기회도 더 많다.

특히 회계학은 졸업과 함께 취업이 보장되는 전공이다. MBA는 세계 30위권 이내의 학교에서 취득해야만 인정받을 수 있는데, 아쉽게도 한국의 MBA 과정은 약한 편이어서 세계 100위 안에 드는 학교가 아직 없다. 최근 카이스트(KAIST)가 99위로 올랐다가 떨어진 바 있다. 세계 30위권이 아니라면 최소한 유럽에서 5위권, 아

시아에서 5위권에 들어야 한다. 싱가포르나 홍콩에 있는 학교들이
아시아의 5위권을 차지하고 있다.

상위권 학교가 아닌 이상 MBA 학위는 큰 도움이 되지 않는
다고 자신 있게 말할 수 있다. 일종의 브랜드 가치이기 때문이다.
오로지 MBA를 취득하기 위해 중하위권 학교에서 공부하느니 차
라리 그 시간에 실무 경력을 쌓든지 아니면 그 등록금으로 창업하
는 것이 더 낫다고 할 수 있다. 이것은 미국에서 일반적으로 받아
들여지고 있는 생각이다.

셋째, 디자인. 디자인 계통 중에서도 패션 디자인, 그래픽 디
자인, 애니메이션 디자인 등에서 한국인들이 두각을 나타내고 있
다. 많은 한국인이 이 분야의 주류에 합류하여 활발히 활동하고
있다. 다른 분야에 비해 영어가 덜 중요하기에 외국인으로서 진출
하기에 유리하다. 언어 실력이 부족하더라도 시각적으로 재능을
입증할 수 있기 때문이다.

뉴욕의 패션기술학교(Fashion Institute of Technology, FIT), SVA(School
of Visual Arts), 파슨스(Parsons), 프랫(Pratt) 등은 세계적으로 유명한 디
자인 학교들이다. 이들 디자인 학교에는 한국인이 거의 절반을 차
지할 정도로 비율이 높다. 세계무대에서도 경쟁력이 있으니 당당
히 도전해 보라고 추천하고 싶다.

다만 이 분야 또한 네트워크가 없으면 기회를 얻기가 쉽지 않

으므로 유학생이라면 학교에 다닐 때부터 업계 사람들을 만나 봐야 한다. 대학교 1~2학년 때부터 스폰서를 찾아 적극적으로 노력해야 한다는 뜻이다. 학위가 취업을 결정짓는다고 생각하면 오산이다. 특히 디자인 분야는 다른 분야에 비해서 학위보다 네트워크가 차지하는 비중이 훨씬 더 크다. 실력이 뛰어나다면 스폰서가 날개를 달아 줄 것이다.

비슷한 분야로 디자인과 IT의 중간쯤 되는 컴퓨터 게임 산업이 뜨거운 이슈다. 한국의 게임 산업은 세계적으로 경쟁력이 있고, 실제로 한국은 게임 강국으로 알려져 있다. IT 분야의 최강국은 명실공히 인도라고 할 수 있는데, 게임 산업에서만큼은 한국이 인도의 수준을 훨씬 앞질러 있다. 한류로 얻는 이익의 80%가 게임 산업에서 나온다고 하니, 한국에서의 실무 경력을 바탕으로 세계 무대에 진출하면 무궁무진한 잠재력을 발휘할 기회를 얻을 수 있을 것이다.

다만 근래 컴퓨터 게임이 영화 같은 수준으로 제작되고 있는데, 한국은 기술력이 높은 반면에 창의력은 약한 편이다. 이 부분만 보완한다면 근무 환경이 열악한 한국보다 여러모로 규모가 큰 미국에서 경쟁력 있는 인재가 될 수 있다.

넷째, 인문학(Liberal Art). 결론부터 말하자면, 인문학 계통은 기업의 스폰서십을 받아 취업 비자를 취득하기에 가장 어려운 분야다. 사회학, 역사학, 고고학 등의 전공이 여기에 속한다. 왜냐하면, 기업이 H-1B를 위해 스폰서십을 신청하더라도 미국 정부에서 허락해 줄 이유가 뚜렷하지 않기 때문이다. 그도 그럴 것이 컴퓨터 관련 기술이나 공학처럼 인력이 부족한 분야가 아니므로 정부를 설득하기에 역부족이다.

솔직히 말해 취업하기에 가장 불리하고 성공률 또한 낮은 전공이라고 할 수 있다. 취업을 목표로 하는 사람이라면 인문학 전공을 피하기를 권하고 싶다. 물론 학문적 연구에 뜻을 둔 사람에게 하는 말은 아니다.

아래는 미국 통계국에서 조사한 외국인이 취업하기에 유망한 산업이다.

유망 산업 분야	배경
IT	인력 부족으로 많은 기업이 비자 및 영주권 스폰서십을 통해서라도 인재 채용을 희망한다. 관련 제조업 역시 인력 수급이 절박한 상황이다.
회계 및 세무 관련 서비스업	미국 기업 내 회계 부서에는 아시아인이 많이 진출해 있으며 타 부서에 비해 채용이 활발히 이루어지고 있다.
디자인	이미 한국인이 많이 진출해 있고 한국계 전문가들의 성공 사례가 많다. 패션, 건축, 제품 디자인 등 광범위한 분야에서 채용이 활발히 이루어지고 있다.
의료 및 건강관리	인구 노령화로 인해 의료와 관련된 모든 분야에 관한 관심이 높아지는 추세다. 투자 증가에 힘입어 장기 인력 수요가 급증할 것으로 예상된다.

출처: 미국 통계국(US Census Bureau)

어딜 가도 만나는 영어라는 관문

영어의 중요도는 취업 분야에 따라 매우 다르다. IT 계통이나 디자인 분야는 기술이나 재능이 가장 큰 잣대가 되는 만큼 다른 분야에 비해 상대적으로 영어의 비중이 작다. 물론 기술직이라고 해서 영어가 전혀 필요 없는 것은 아니다. 팀 미팅을 하거나 고객에게 프레젠테이션할 때 모든 대화가 영어로 진행되는데, 이것은 디자인 분야도 마찬가지다. 영어가 조금 부족해도 실력 위주로 평가받는 것이 가능하다는 이점이 있다. 이는 마케팅, 홍보와 같이 뛰어난 영어 실력을 요구하는 직종과는 분명 다른 점이다.

그러나 소통 능력은 매우 중요하다. 자기 분야에서 실력자라고 해도 영어를 한마디도 못 한다면 어떻게 미국에서 일할 수 있겠는가? 미국이 세계 이민자들로 이루어진 나라이기는 하지만 영어를 공용어로 쓰고 있으니 영어로 의사소통할 수 있어야 한다. 하지만 한국에서 많이 보는 토익(TOEIC) 점수가 미국에서는 아무런 효력이 없다. 미국인들은 토익이 뭔지도 모를뿐더러 당신이 만점 가까운 점수를 받았다고 해도 크게 신경 쓰지 않는다.

그렇다면 영어 실력이 어느 정도나 되어야 할까? 같은 분야에서 일하는 원어민들과 미팅할 수 있을 정도면 충분하다고 생각한다. 분야에 따라 간단한 의사소통만으로도 충분할 수 있고 아니면 깊이 있는 대화를 할 수 있을 정도의 실력이 필요할 수도 있다. 얼마나 노력해야 하는가는 개인차가 있을 것이다.

미국인 10명과 비즈니스 미팅을 한다고 가정해 보자. 활발히 오가는 대화와 토론의 흐름을 따라가며 상대방의 의견에 동조하거나 반대하는 의견을 낼 수 있고, 필요할 때 자신의 의견을 또렷이 표현할 수 있는 정도의 실력을 갖추었는가? 이 질문에 자신 있게 답할 수 있다면 미국 기업에 취업해서 직장 생활을 무난히 해낼 수 있을 것이다.

아직 그럴 만한 실력이 아니라면 미국에 오더라도 일단은 한국계 회사를 노리는 것이 현실적이다. 한국계 회사라도 미국의 기업 문화를 경험할 수 있고, 한국어를 사용할 기회가 상대적으로 많기는 하지만 공식적으로는 영어를 사용하기 때문에 외국 회사와 크게 다르지 않다. 한국계 회사에서 일하며 꾸준히 영어 실력과 경력을 쌓아서 외국 기업으로 옮기는 것도 방법이다.

최근 한국 사회에서 해외 취업을 적극적으로 권유하는 분위기가 일자 비즈니스 영어를 가르치는 학원이 많이 생겨났다. 그러나 내가 살펴본 결과, 실제로는 간판만 그럴듯하고 전문성을 갖추고 짜임새 있게 운영되는 곳은 별로 없었다. 6개월 정도 다니며 수박 겉핥기식으로 배우느니 차라리 회사원들의 이야기를 다루는 미드를 몇 편 보거나 비즈니스 영어책 한 권을 여러 번 정독하는 편이 훨씬 효과적일 수 있다.

또한, 미국 대학교에 유학하기 위한 것이 아니라 단순히 영어 공부만을 위해 어학연수를 하는 것이라면 별로 추천할 만하지 않다. 어학연수를 하고 나서 영어 실력이 일취월장한 학생을 본 적이 없다. 어학연수 프로그램 자체가 수업 시간은 짧고 자유 시간이 너무 많은 탓에 공부보다는 친구들과 어울려 놀거나 여행을 다니는 경우가 많기 때문이다. 결과적으로 영어 실력의 향상 없이 그대로 돌아가는 일이 허다하다.

실습기업(Practice Enterprise, PE)이라는 프로그램이 있다. 이는 가상기업을 만들어 회사 직무를 학습하는 것이다. 한국에도 관련 전문 업체가 있는데, 그중 코리아펜(KOREA PEN)은 취업 대비 영어 교육 프로그램을 운영하는 곳이다. 가상의 회사에서 업무 시뮬레이션을 통해 영어를 연습할 수 있다. 업무 현장에 익숙하지 않은 대학생들에게 여러모로 도움이 될 것이다. 미국 대학교도 이런 시뮬레이션 프로그램을 운영하고 있다.

취업 인터뷰를 많이 하다 보니 인터뷰 경험이 없는 사람은 한눈에 알아본다. 처음 해 보는 사람과 여러 번 해 본 사람은 많은 면에서 차이가 날 수밖에 없다. 인터뷰 경험이 많으면 많을수록 확실히 자세가 자연스럽고, 그만큼 자신감이 있어 보인다. 이것은 당연한 이치다. 인터뷰를 직접 경험할 기회가 많지 않다면, 영어 인터뷰 동영상을 찾아보고 계속해서 연습하는 것이 도움될 것이다. 인터넷에서 검색하면 수백 가지 영상이 나오는 편리한 시대가 아닌가? 학원비를 내고 영어 수업을 백 번 듣는 것보다 혼자서 열 번 연습해 보는 것이 더 낫다.

2

세상에 방법은 많다

현실적 해외취업의 길

진지하게 고려한다면, 우선 한국과 미국의 차이를 이해하고 작전을 짜야 한다. 먼저 장기적인(long-term) 목표를 세우고 나서 거기에 맞는 단기(short-term) 목표를 치밀하게 세워야 한다. 10년 후에 어디에서 무엇을 하고 싶은지를 알면 1년 후나 5년 후의 계획을 짤 수 있다.

자신의 꿈이나 열정과 거리가 먼 직종에서 일하는 것만큼 고된 일도 없다. 그러므로 처음부터 계획을 잘 세워서 원하는 공부를 할 것을 조언한다. 적성에 안 맞는데 취업을 위해 전공을 선택했다가는 졸업을 못 하거나 아니면 평생 적성에 안 맞는 일을 하며 살아야 할 수도 있다.

그런데 미국 현지 상황을 모른 채 한국에서 앉은 채 취업을 희망하는 것은 어불성설이다. IT 전문가나 엔지니어 등은 특별히 예외가 될 수도 있지만, 외국에서 거주하는 지원자를 만나 보지도 않고 채용할 가능성은 희박하다. 인재가 부족한 IT 분야는 화상면접을 통해 채용하는 일이 있기는 하지만 다른 분야도 그런 것은 아니다.

예전에 비하면 미국의 외국인 취업 문이 매우 좁아졌다. 그러니 현명하게 가장 현실적인 방법을 선택해야 한다. 이를 위해 생각해 볼 수 있는 길은 크게 네 가지로 나뉜다. 유학, 취업비자, 인턴십 그리고 여행이다. 이처럼 길게는 몇 년, 짧게는 몇 주 동안이라도 직접 방문하여 취업을 알아보는 것이 좋다.

학생이면 유학, 직장인이면 취업비자

첫 번째 길, 유학에 대해서 알아보자. 미국의 대학교나 어학원에 등록하여 F1 학생비자를 발급받아 합법적인 체류 신분을 획득하는 것을 말한다.

가정 형편이 허락한다면, 유학으로 와서 학사나 석사 학위를 받고 취업하는 것이 가장 가능성이 크다. 미국은 대학교만이 아니라 규모가 작은 어학원을 통해서도 학생비자를 비교적 쉽게 발급받을 수 있다. 하지만 돈을 벌기 위한 취업비자는 그보다 훨씬 까다롭다. 사실 가장 전통적이고 이상적인 취업 경로는 F1 학생비자로 유학하고, 졸업 후에 OPT(Optional Practical Training)를 사용하여 입사한 후에 H-1B 취업비자로 전환하는 것이다. 유학이 취업에 가장 안전하고 확실한 방법이다. 아무래도 한국에 있는 사람보다 유학생이 훨씬 유리하고 기회가 더 많이 주어진다.

OPT란 유학생 중 희망하는 자에 한해서 본인이 전공하는 분야의 회사에서 1년간 임금을 받으며 합법적으로 체류할 수 있도록 보장해 주는 제도다. 미국에서 공부하고 학위를 받으면 취득할 수 있다. 취업비자는 아니지만 1년간 취업비자처럼 쓸 수 있는 것인데 OPT를 제대로 활용하는 이가 많지 않다. 무작정 OPT로 전공과 관련 없는 곳에서 일하며 정식으로 취업할 곳을 알아보러 다니는 것은 명백한 실수다. OPT를 활용하여 본인이 일하고 싶은 회사에 발을 들여놓는 것이 중요하다. 돈을 적게 받거나 하다못해 무급으로라도 원하는 회사에 어떻게든 들어가서 실력을 인정받아야 한다.

유학생은 자신이 현지에 있다는 장점을 최대한 활용할 줄 알아야 한다. 학기 중에 에너지의 60%는 학업에, 40% 정도는 취업 준비에 쓰는 것이 좋다. 학교생활에 100%를 쏟다가 졸업이 가까워져 취업 준비를 하는 것은 별 소용이 없다. 졸업 후에 취업을 준비하는 것은 이미 늦다. 방학 때마다 한국에 가거나 여행을 다니면서 여유를 부리는 유학생이 많은데, 생각보다 졸업이 금세 다가올 것이다.

재학 중에 CPT(Curricular Practical Training)를 신청할 수도 있다. 이것은 유학생 신분으로 학교에 다니면서 전공과 연관된 직종에 한 해 파트타임, 혹은 풀타임으로 인턴십을 하는 제도다.

특히 대학교 1, 2학년 때부터 취업비자 발급에 도움을 줄 수 있는 스폰서를 찾는 노력을 시작해야 한다. 비자 스폰서는 하루아침에 생기지 않기 때문이다. 미국에 학생 신분으로 체류하면서 다양한 기회를 얻을 수 있으므로 이를 십분 활용해야 한다. 그런 노력을 하지 않고 공부만 열심히 하는 것은 현명하지 않다. 졸업 후에 바로 귀국할 예정이라면 상관없지만, 미국 현지에서 직장생활을 해 보고 싶다면 미리 철저하게 준비하고 계획해야 한다.

두 번째 길은 취업비자를 받는 것이다. 미국에 유학하지 않았더라도 한국에서 4년제 대학교를 졸업한 후 근무 경력이 있고 정부 승인을 위한 조건을 충족하는 사람이라면 취업비자를 받을 수 있다.

그중에서도 H-1B는 전문직 단기 취업비자로 전문 기술을 가진 외국인이 단기 체류하여 일할 수 있게 허용하는 비자다. 학사 이상의 학위를 취득한 자가 신청할 수 있으며 미국 내 기업에서 수행할 업무가 학사 학위 이상의 학력을 가진 자만이 수행할 수 있는 업무임을 증명해야만 승인을 얻을 수 있다.

즉 학사 이상의 학위를 가진 엔지니어, 건축가, 컴퓨터 프로그래머 등의 전문직과 회계사, 의사, 대학교수 등이 발급 대상이다. 학위를 취득한 전공과 직종이 일치해야 한다. 이 비자는 미국 기업이 고용을 보장하고, 비자 취득 비용을 대는 신청자에게 발급된다.

취업비자를 신청하려면 비자 신청을 해 줄 스폰서가 될 회사를 찾아야 한다. 아무 회사나 비자 스폰서를 할 수 있는 것은 아니다. 정부가 정한 자격 기준을 갖추어야 한다. 직원 수, 매출 등의 회사 규모와 납세 이행 여부, 존속 기간 등이 기준이 된다. 또한, H-1B 취업비자를 발급받기 위해서는 서류 작업, 법적 절차 등의 명목으로 약 4~6천 불 정도의 비용을 부담해야 한다.

H-1B는 매년 4월 1일에 학사 학위 소지자 65,000명과 석사 학위 이상 20,000명, 총 85,000명에게 문이 열리며 지원서 접수가 시작된다. 대개 1~2주일 내로 정원이 채워지며 지원자 수가 정원보다 3배 이상 웃돌므로 무작위 추첨(Lottery)을 통해 서류를 접수한다.

이 비자를 취득하면 체류 허가 기간이 최초 3년, 1차에 걸쳐 3년을 연장해 주어 최고 6년까지 가능하다. 비자 유효 기간 중 미국 외 체류 기간은 제외된다. 원칙적으로 취업비자를 신청하여 고용해 준 회사에서 근무해야 하지만 경우에 따라 다른 회사로 이직할 수 있다.

취업비자에도 예외가 있는데 고학력을 요구하는 직업, 즉 연구원 같은 경우에는 정해진 기한이 없다. 취업비자를 받고 몇 년간 일하고 나면 영주권을 신청할 수 있는 자격이 된다. 비자에 대한 정보는 수시로 바뀌므로 최근 비자 정보에 관한 자세한 내용은 주한 미국대사관의 홈페이지(https://kr.usembassy.gov)를 참고하면 된다.

미국 이민국의 자료를 보면, 외국인 취업비자 발급 건수는

2011년부터 2014년까지 꾸준히 늘어난 것을 알 수 있다. 신규 발급 중 2012년부터 미국 내 거주하는 외국인보다 해외에 거주하는 외국인에게 발급된 건수가 더 많은 것으로 보아 그만큼 미국 기업들이 부족한 인재를 해외에서 적극적으로 찾아 충원하고 있다는 뜻이니 흥미롭다.

<외국인 취업비자 발급 현황>

구분	2011		2012		2013		2014	
	발급 건수	비율 (%)	발급 건수	비율 (%)	발급 건수	비율 (%)	발급 건수	비율 (%)
전체	259,653	100	262,569	100	286,773	100	315,857	100
신규 발급	106,445	39	136,890	52	10,778	45	124,326	39
해외 거주 외국인	48,665	18	74,997	28	4,875	24	68,390	22
미국 거주 외국인	57,780	21	61,893	24	4,479	21	55,936	18
갱신	153,208	61	125,679	48	2,533	55	191,531	61

주: 회계 연도 기준(2015년 9월 확인)

출처: 미국 이민국(USCIS)

짧게 인턴십

세 번째 길은 인턴십이다. 인턴십은 한국 정부 프로그램에 참여하거나 에이전시를 통해 지원할 수 있다. 영어가 능통하다면 혼자서 준비하는 것도 가능하다.

J1 비자는 인턴십을 하는 사람들이 받는 비자로, 문화 교류나 트레이닝을 위해 체류하는 사람이나 교환교수도 받는 비자다. J1 비자는 정원이 따로 없고, 인턴으로 일할 회사가 정해지면 신청할 수 있다. 비자 기간은 3개월에서 1년 6개월까지 가능하다. J1 비자를 받은 인턴은 무급이나 유급으로 일할 수 있다. 회사에 따라 월급 대신에 용돈이나 생활비를 지급하기도 한다. 일반적으로 유급보다 무급 인턴십이 더 많다.

J1 비자 소지자 중 본국에서 필요로 하는 기술을 보유한 사람이나 본국으로부터 재정적인 지원을 받은 대상자는 2년 본국 거주 의무를 이행해야 한다. 2년 본국 거주 의무 조항은 정부의 지원을 받아 교육 혜택을 받았으니 적어도 2년은 국가(본국)에 이바지해야 한다는 뜻에서 생겨난 조항으로 보인다. 또 J1 비자는 성격상 취업 비자로 연계될 수 있기에 이 조항은 J1 비자가 반취업 비자로 악용되는 것을 방지하는 장치 역할도 할 것이다.

한국 정부의 해외 인턴십 프로그램으로 J1 비자를 발급받은 경우에는 미국 현지에서 정규직 제안을 받거나 결혼으로 인해 약혼 비자를 신청해야 할 때 프로그램 수료자에 한하여 2년 본국 거주 의무 조항을 면제받을 수 있도록 귀국 의무 면제 확인서를 발급해 준다. 글로벌 인턴 지원팀을 통해 몇 가지 서류를 제출하여 발급받을 수 있으며, 그 후 주미 한국대사관과 미국 국무부 등에 면제 신청을 하면 된다.

미국의 인턴십 개념을 이해할 필요가 있다. 크게 두 가지로 나눌 수 있다. 우선 대학 재학생이라면 한 학기 동안 전공 분야의 회사에서 실무 경험을 쌓으며 학점을 받을 수 있다. 이를 위해서 미리 학교에 서류를 제출하여 해당 기업체에서 학점을 받을 수 있도록 허락받아야 한다. 그러면 한 학기 동안 다른 과목들과 더불어 인턴십 과목을 수료하게 된다.

또 다른 하나는 대학교 3~4학년 때나 MBA 과정을 마무리할 때쯤 전공 분야의 기업에서 여름방학 두세 달 동안 인턴십을 하는 것이다. 이 기간에 기업은 인턴사원의 업무 능력을 파악하여 정식으로 고용할지를 결정한다. 한마디로 두 달짜리 인터뷰라고 보면 된다. 기업이 찾는 인재가 맞는지 충분히 검증한 후에 입사를 결정하는 것이다.

미국에서 대학원 과정을 마치고 졸업과 함께 건축 회사에 정직원으로 입사한 유학생이 있었다. 마지막 학기를 남겨 둔 시점에서 인턴십을 했는데, 그는 인턴십이 끝난 뒤에도 인사 담당자와 연락하며 지냈다고 한다. 그가 졸업을 앞두고 인사과에 문의했는데 마침 회사에 공석이 생겨서 이력서나 포트폴리오를 제출하지 않고도 심지어 인터뷰도 없이 바로 취업할 수 있었다. 인턴십을 지원할 때 이력서와 포트폴리오를 제출한 바 있고, 두 달의 짧은 인턴십 기간 동안 실력을 인정받았기에 가능한 일이었다. 미국에서 인턴십이란 몇 개월간의 긴 인터뷰와도 같다는 사실을 보여 주는 사례다.

J1 비자는 기본적으로 일을 배울 기회를 주기 위해 만든 비자다. 그래서 특별히 정해진 정원이 없다. 하지만 그런 만큼 미국 정부의 규제가 까다로운 편이다. J1 비자로 입국하여 취업하는 것에 대해 민감하다. 아예 취업할 수 없도록 장치도 마련되어 있다.

미국 인턴십을 고려하는 사람이라면 한국의 인턴십 에이전시들이 미국 회사의 인턴십을 어떻게 확보하는지 알아 두는 게 좋을 것 같다. 우리 회사도 한국 에이전시로부터 종종 인턴십 요청 이메일을 받는데 대개 이런 내용이다.

"한국에 아주 능력 있는 대학생이 있으니 최저 임금으로라도 채용해 주십시오."

한마디로 "고급 인력을 싼 가격에 사 가라"는 것인데, 미국에서는 명백한 불법 행위다. 대다수의 미국 기업들은 이러한 한국식 콘셉트를 이해하지 못하기 때문에 요청을 거절한다. 결과적으로 에이전시들은 인턴을 받아 줄 회사를 찾는 데 어려움을 겪을 수밖에 없다.

그러니 에이전시 직원들이 인터넷 검색을 통해 무작위로 찾은 회사에 세일즈 이메일을 보내거나 미국에 거주하는 사람에게 커미션을 주는 방식으로 세일즈 마케팅을 하여 인턴십을 할 회사를 찾아내 확보해 나간다. 불법적인 요소가 곳곳에 도사리고 있다.

더욱 기가 막힌 것은 한국 대학생들이 미국에 인턴십을 와서 최저 임금을 받으며 슈퍼마켓 체인점에서 채소를 다듬거나 물건을 진열한다는 것이다. 더 나아가 '영어연수 후 미국 기업 인턴십 연계 프로그램'이라고 광고한 후에 영어연수만 하고 인턴십을 시작할 때쯤 되면 현지 회사에 문제가 생겼다고 핑계 대며 흐지부지 끝내는 일도 있다. 어쩌다 회사에 들어가게 되더라도 이름만 그럴 듯할 뿐 전공과 동떨어진 허드렛일만 시키는 경우가 허다하다. 이런 식으로 허위 광고로 고객을 낚은 후에 이런저런 핑계를 대며 다른 제품을 파는 것을 영어로 "bait-and-switch"(유인 상술)라고 한다. 사실 대부분의 한국 인턴십 에이전시는 질 좋은 기업을 확보할 수 있는 언어적, 기술적 능력이나 인맥을 갖추지 못했다고 해도 과언이 아니다.

요즘에는 F1 학생비자로 어학연수를 와서 무급으로 거의 견학이나 다름없는 수준의 자질구레한 일이나 하는 사례가 늘고 있다. 그러면서도 한국에서는 마치 학생들이 미국 기업에서 업무 실습을 하는 듯 허위 광고를 하고 있다. 특히 '마케팅 인턴십'으로 광고하는 프로그램은 대부분이 세일즈, 즉 영업직으로서 월급도 없이 일하는 전형적인 미국식 세일즈다. 이름만 거창한 마케팅 인턴십은 특별히 주의를 기울여야 한다.

더 짧게는 일자리 알아보기 여행

마지막 네 번째 길은 여행이다. 해외취업을 희망하지만 유학할 형편은 안 되는 사람들에게 도움될 만한 아이디어다. 학비와 생활비를 모두 지원받아야 하는 유학은 경제적으로 웬만큼 여유가 있지 않고서는 무척 부담스러운 게 사실이다. 그리고 인턴십을 하기에도 시간적으로나 경제적으로 부담된다면 짧은 기간이라도 미국 현지를 직접 방문해 볼 것을 권한다. 명목상 여행이지만 사실은 취업을 위한 연수라고 생각하면 될 것이다.

2008년부터 시행되고 있는 미국 비자 면제 프로그램 덕분에 이제는 비자를 따로 받을 필요 없이 전자여권만으로도 미국 여행이 가능하다. 다만 입국하기 전에 인터넷상으로 미리 여행 허가 승인을 받아야 한다. 미국 ESTA(전자여행허가제) 웹사이트에서 필요 정보를 입력하고 승인을 받으면 된다. 한 번 신청하면 2년간 유효하고, 입국 시 90일까지 체류할 수 있다. 짧게 한 달에서 길게는 석 달까지 여행할 수 있다는 얘기다.

기간이 짧은 만큼 철저하게 계획하는 것이 중요하다. 한국에서 미리 온라인으로 미국 기업에 이력서를 넣거나 인맥을 만들어 놓고 가야 한다. 단기간에 되도록 많은 기업을 방문할 수 있도록 미리 세팅해 놓는 것이 좋다. 하다못해 페이스북이나 링크드인 (LinkedIn) 같은 SNS 매체를 통해서 사소한 인맥이라도 만들어 놓아야 한다.

단기간 여행을 통해 취업에 성공한 사례가 있다. 뉴욕에서 유학하고 졸업 후에 한국으로 돌아갔던 젊은이다. 부푼 꿈을 안고 고국으로 돌아갔지만, 지원자들은 넘쳐나는데 취업 문은 바늘구멍같이 좁으니 경쟁률이 어마어마했다. 기대와 달리 취업에 실패하고 백수로 지내는 기간이 점차 늘어나니 조바심이 났다. 희망을 잃어 갈 무렵 그는 미국에서 일자리를 찾기로 결심했다. 영어라면 웬만큼 자신 있었기 때문이다.

고민 끝에 나에게 연락을 해 왔다. 나는 그에게 한국에 앉은 채로 미국에 취업하는 것은 거의 불가능에 가깝다고 조언해 주었다. 내 조언을 귀담아들은 그는 3개월이라는 시간과 비용을 들여 여행자의 신분으로 미국에 재입국했다. 뉴욕에 도착하자마자 공격적으로 일자리를 알아보기 시작했다.

나는 해 줄 수 있는 모든 조언을 해 주었다. 그는 3개월간 매일같이 수십 군데에 입사 지원서를 내고 발로 뛰며 만날 수 있는 사람은 다 만나고 다녔다. 〈취업의 정석〉이란 책이 있다면, 그는 거기에 나오는 하나하나를 모조리 해 봤다고 할 수 있을 것이다. 단 하루도, 단 한 시간도 헛되이 보내지 않았다. 그렇게 열심히 뛰어다닌 덕분에 관심 있던 분야의 미국 기업에서 취업비자 스폰서를 받는 데 성공했다. 큰 회사는 아니지만 빠른 성장세에 있는 기업이었다. 그렇게 짧은 시간에 취업에 성공한 그를 보니 마치 내 일처럼 뿌듯했다.

그런데 미국 유학 경험이 없는 사람은 어떻게 해야 할까? 어떤 분야든 어느 정도 경력이 있다면, 한국에서 미국 현지의 인맥을 만들어서 방문을 통해 문을 두드리는 것이 충분히 가능하다. 미국에는 한국인 교포들이 많다는 사실을 잊어서는 안 된다. 이민 역사가 오래된 만큼 뚫을 수 있는 인맥 또한 무궁무진할 것이다. 미국 회사에서 일하는 사람, 자기 사업을 하는 사람, 자기 분야에서 이미 유명해진 사람도 있을 수 있다. 유학생 출신으로 최고 전문가가 된 사람도 만날 수 있다. 링크드인에서 프로필 검색만 해도 정보를 쉽게 찾을 수 있다. 어떻게 해서든 인맥을 만드는 것이 중요하다.

초면에 처음부터 도움을 줄 사람은 없을 것이다. 스스럼없이 만나 커피 한 잔을 나눌 수 있는 정도의 관계는 쌓아야 한다. 그런 인맥도 없이 무작정 미국에 온다면 관광 이상의 의미를 찾을 수 없을 것이다.

미국에서 취업하고 싶은데 영어가 걸림돌이라면 앞서 이야기했듯이 한국계 회사에 도전해 보는 것도 좋은 방법이다.

인포머셜에 주의하라

나는 헤드헌터로서 오래 일하다 보니 다양한 분야의 사람들과 교류해 왔고, 그만큼 인맥이 넓고 두터워졌다. 그도 그럴 것이, 유학생이었던 친구가 졸업 후에 취업해서 일하다가 경력자로 한국에 돌아가 기업의 임원이 되거나 대학교수가 되는 등, 자기 분야에서 최고 자리에 오른 경우가 많기 때문이다.

그 인연으로 한국에서 이따금 특강 요청을 받곤 한다. 덕분에 한국의 여러 대학교를 돌아볼 수 있었고, 유학이나 해외취업을 준비하는 학생들을 만날 수 있었다. 미국에서 유학 중인 학생들도 많이 만났다.

내 분야의 경력뿐 아니라 인생 경험을 나눔으로써 조금이라도 도움이 되길 바라는 마음에서 시작한 일인데, 젊은이들과의 만남이 진심으로 기쁘고 그들과 소통하는 것이 즐겁다. 그들의 반짝이는 눈을 보고 있자면 없던 힘도 솟아나는 느낌이 든다. 그들에게서 오히려 많은 것을 배우며 열정적인 에너지를 받으니 내 일을 더욱더 열심히 하는 동기부여가 되기도 한다.

젊은이들이 내게 던지는 질문은 대체로 두 가지다. 첫째는 미국의 현실에 관한 질문이고, 둘째는 자신의 형편을 고려하여 미국에서 유학이나 취업을 할 수 있을지에 관한 것이다. 모두가 자신의 가능성과 경쟁력을 현실적으로 알고 싶어 했다.

인터넷에 워낙 많은 정보가 넘쳐나고 있으며 젊은이 대부분이 이미 꽤 많은 자료를 축적해 두었다는 것을 알게 되었다. 그러나 동시에 안타까운 마음이 들었다. 왜냐하면 그들이 가진 대부분의 정보가 유학이나 해외취업을 알선하는 에이전시 또는 관련 업체에서 제공한 것들이기 때문이다.

단언하건대 인터넷에 검색어만 넣으면 홍수처럼 쏟아지는 정보들은 대부분 인포머셜(informercial)이다. 정보(information)를 가장한 광고(commercial)라는 뜻이다. 유학원이나 인턴십 에이전시에서 지원자를 끌어모으기 위해 제공하는 정보들이다. 그래서 인포머셜의 대부분은 부정확한 데다가 현혹되리만큼 달콤한, 즉 보암직도 하고 탐스럽기도 한 악마의 열매 같은 말들이다. 듣고 싶은 말만 해 주는 것이다. 내가 만나 본 젊은이 중에 인포머셜의 잘못된 정보로 인해 실제로 피해를 본 사례가 적지 않았다.

한국은 세계 어느 나라보다 학원, 유학원 시장이 월등히 크다. 심지어 미국 유학생이 예술 계통 대학이나 대학원에 입학할 때 제출할 포트폴리오를 준비하기 위해 한국에 들어가서 학원 수강 후에 다시 미국으로 돌아오는 경우가 심심찮게 있을 정도다. 한국이 스펙을 중시하는 사회이다 보니 자격증의 종류가 다양하고, 새로운 자격증이 생겨날 때마다 한꺼번에 몰리기도 한다. 이런 이유로 유학원이나 인턴십 에이전시의 경쟁도 과열된 것이 아닌가 싶다. 인포머셜에 피해 보지 않으려면 각별히 주의를 기울여야 한다.

고정관념을 버리면 수천 개의 문이 보인다

한국에서는 좋은 회사, 일하고 싶은 기업의 기준이 대개 회사의 규모에 있다. 몇몇 대기업들이 나라의 경제를 좌지우지하는 데서 그런 인식이 생기지 않았나 싶고 그럴 수도 있다고 생각한다.

알다시피 미국에는 세계적인 대기업이 많다. 꿈의 직장으로 불리는 구글을 비롯해 코카콜라, 제너럴모터스, 스타벅스, J.P.모건체이스앤드컴퍼니 등 다양한 분야의 기업들이 세계 랭킹 상위권에 들어 있다.

해외취업을 꿈꾼다면, 특히 미국 진출을 생각하고 있다면 좋은 회사가 곧 대기업이라는 생각을 바꾸어야 한다. 미국은 대기업이든 일반 기업이든 근무 환경이나 직원 복지의 수준이 일정 수준 이상이 된다는 점에서 한국과 다르다. 그만큼 사회적으로 많은 노력을 기울여 온 덕분이다. 그래서 굳이 세계적인 대기업이 아니더라도, 직원이 500~20,000명 정도의 중소기업이라도 '좋은 회사'가 수도 없이 많다.

예를 들어, J.P.모건체이스는 들어봤어도 블랙록(Blackrock)이라는 이름은 생소할 것이다. 블랙록은 세계 금융시장에서 4조 불이 넘는 자산을 굴리는 자산운용사로 매우 건실한 중견 기업이다.

금융계 직종은 높은 연봉 수준으로 부러움을 사기도 하지만 그만큼 근무 시간이 길고 스트레스가 몇 배나 높아서 직업 만족도는 늘 평균 이하로 매겨지곤 한다. 미국의 "일하고 싶은 기업" 목록에서 은행을 비롯한 금융계 기업을 거의 찾아볼 수 없는 이유도 여기에 있다.

그런데 블랙록은 J.P.모건체이스처럼 세계적으로 이름난 대기업은 아니지만 평균 연봉, 근무 시간, 근무 환경 등 여러 면에서 월등히 뛰어나다는 평가를 받아 경제 전문 웹사이트 〈비즈니스 인사이더〉(Business Insider) 선정 "미국 최고의 고용주 200대 기업"에 선정된 바 있다. 금융계 종사자들에게는 꿈의 직장으로 알려져 있다.

한국에서 금융계에 종사했던 사람이 미국에서 취업한다면, 아마도 뱅크오브아메리카(Bank of America)나 J.P.모건체이스 같이 이름이 알려진 기업을 선호할 것이다. 블랙록처럼 매력적인 회사가 있는데도 말이다. 그런데 더 중요한 사실은 미국에는 블랙록 같은 회사가 셀 수 없이 많다는 것이다.

한 가지 예를 더 들어보자. 세계적인 자동차 기업 GM에 비하면 테슬라모터스(Tesla Motors)는 브랜드 인지도나 기업 규모 면에서는 한참 떨어지지만, 연봉과 복리 후생이 훨씬 뛰어나서 자동차 업계 인재들에게는 꿈의 직장이다. 최근 테슬라가 전기자동차 분야에서 두각을 나타내면서 한국에서도 인지도가 상승했지만 그래도 해외취업 희망자 중에 테슬라보다 GM을 선호하는 사람이 더 많을 것이다.

미국에서는 회사의 규모가 크다고 해서 연봉이 더 높거나 근무 환경이 더 좋거나 경력에 더 도움이 되는 것이 아니라는 점을 알아야 한다. 대기업이 곧 훌륭한 회사이자 일하기 좋은 회사라는 한국식 사고방식을 과감히 버리고 열린 마음으로 일자리를 구하면 훨씬 빨리 취업해서 더 크게 성공할 수 있다.

나는 미국뿐 아니라 유럽과 아시아 각국을 돌아다니며 세계 유수 대학교들을 방문하곤 한다. 사실 이것이 인재를 찾는 나의 일의 가장 큰 부분이라고 할 수 있다. 특히 비즈니스 스쿨의 MBA 과정 학생이나 졸업생들을 만나서 대화할 기회가 많다. 그때마다 그들에게 졸업 후의 계획과 포부에 관해 묻곤 한다.

재미있는 것은 세계 최고라고 할 만한 인재들이 일하고 싶어 하는 회사는 GM이나 IBM 같은 대기업이 아니라는 사실이다. 오히려 그들은 특정 고객을 대상으로 하는 전문 소규모 회사를 선호한다. 특히 컨설팅 분야에서는 보스턴컨설팅그룹(Boston Consulting Group, Inc.)이나 맥킨지 앤드 컴퍼니(McKinsey & Company) 같은 대규모 회사보다 기업 자문, 인수합병(M&A), 국제 거래 등 다양하게 전문화된 부티크펌(boutique firm, 전문 로펌)이 더욱 인기다. 또한, 벤처캐피털(venture capital), 스타트업 컴퍼니(startup company, 신생 벤처기업) 등 혁신적 기술과 아이디어를 보유한, 설립된 지 얼마 안 되는 창업 기업을 선호하는 인재가 꾸준히 늘어나는 추세다.

그러고 보니 상위 10위권 MBA 졸업생 중에 대기업에서 일하고 싶다고 말하는 이를 거의 본 적이 없는 것 같다. 일반 대학교 출신자들은 여전히 대기업을 선호하는 편이지만, 미국에서는 기업의 규모나 회사 이름 따위는 별 의미가 없다.

구글이 꿈의 직장으로 알려진 데는 세계적인 브랜드로 자리매김하는 그들의 마케팅이 한몫했다고 할 수 있다. 따지고 보면 구글만큼 좋거나 오히려 구글보다 더 좋은 회사들이 엄청나게 많다. 한국 젊은이들이 꿈에 그리는 삼성, LG, 포스코 등과 같은 수준의 기업이 미국에는 수천 개나 되니 선택의 폭이 어마어마하다. 그러니 회사의 이름이 낯설고 외형이 작아 보인다고 해서 얕잡아 봤다가는 큰코다친다.

자포스(Zappos)라는 신발 판매 회사를 소개하고 싶다. 여성용 구두와 신발을 판매하는 온라인 쇼핑몰로 최근에는 다른 제품들도 판매하고 있다. 미국에서도 인지도가 그리 높지 않은 신생 기업 중 하나이지만, 근무 환경이 매우 좋은 회사다.

하버드에서 컴퓨터공학을 전공한, 대만계 미국인 토니 셰이(Tony Hsieh)가 대표로 있으며 본사는 샌프란시스코에 있다. 연봉이 업계 최고 수준인데 의료 보험료까지 회사에서 100% 지급해 준다. 매우 파격적이다. 그뿐 아니라 근무 시간이 자유롭고 회사 내에 도서관, 피트니스센터 등이 있으며 낮잠을 잘 수 있는 조용한 공간까지 마련되어 있다. 그 외에 직원 개인과 가족들을 위한 혜택들을 다수 제공하고 있다.

이 회사에는 창립 초기부터 이어져 온 재미있는 이벤트가 있다. 모든 직원은 입사 3개월이 되면 한 가지 선택을 해야 한다. 보너스 3천 불을 받고 회사를 나가든지 아니면 받지 않고 회사에 남아 계속 일하든지 선택하는 것이다. 그러나 지금까지 3천 불을 받고 입사를 포기한 신입 직원은 한 명도 없었다고 한다. 이것은 자포스의 기업 문화를 상징적으로 보여 주는 것으로 한번 들어가면 다시는 나가고 싶지 않을 만큼 복지와 혜택이 훌륭한 회사로 유명하다.

이처럼 규모가 크지는 않지만 복지와 혜택이 좋은 회사들은 따로 책 한 권을 써도 될 만큼 수도 없이 많다. 그러니 미국 취업을 생각하고 있다면 부디 열린 마음으로 다양한 회사를 찾아보길 바란다. 다시 한 번 강조하지만 미국에는 튼실한 중견 기업이 셀 수 없이 많다.

또한, 회사의 규모가 크지 않으면 레드테이프(red-tape), 즉 불필요한 형식 절차가 없다. 가장 중요한 건 비자 스폰서 받기가 대기업보다 훨씬 수월하다는 점이다. 대기업보다 더 재미있게 일하며 돈도 많이 벌고 많이 배우면서 성장해 나갈 수 있는 회사가 수천 개나 되니 기회가 무궁무진하다고 할 수 있다.

회사 유형을 알면 선택 범위가 넓어진다

미국 취업을 결심한 사람이라면 우선 취업할 수 있는 회사의 유형부터 알아야 할 것이다. 크게 세 가지로 나눌 수 있다. 미국 기업, 해외에 본사가 있는 외국계 기업 그리고 한국계 기업이다.

첫째, 미국 기업은 규모에 따라 대기업, 중기업, 소기업으로 나누어 볼 수 있다. 전미 기업 순위, 즉 포춘 500에 올라 있는 IBM, GM, 코카콜라, 맥도날드, 시티뱅크 등 직원 수가 10만~15만 명가량 되는 큰 규모의 유명한 회사들이 소위 대기업에 속한다. 중기업(mid-size companies)은 직원 수가 500~20,000명 정도 규모이다. 그 다음 직원 500명 미만을 스몰비즈니스(small business), 즉 소기업으로 본다.

둘째, 미국에 있는 외국계 기업이 있다. 미국에는 유럽이나 일본에서 들어온 회사들이 아주 많다. 비즈니스 각 분야에 두루 걸쳐 있으며 특히 의약, 기술, 금융 계통 쪽에 많다. 요즘은 중국도 늘어나는 추세이지만 아시아 계열에서는 일본계 기업의 수와 영향력이 아직 독보적이다. 일본계 회사는 과거 수십 년간 일본인만 채용하는 등 폐쇄적으로 운영됐지만, 최근 들어 채용박람회, 즉 잡페어(job fair)에 참여하여 세계 인재 발굴에 적극적으로 나서기 시작했다.

셋째, 한국계 기업은 한국 기업의 미국 지사와 리테일 사업(소매 유통업), 교포가 운영하는 로컬 기업 등으로 나눌 수 있다. 미국에는 삼성, LG 등 대기업과 각종 한국계 은행의 지사가 300여 군데 있다.

리테일 사업으로 CJ가 미국 주류에 진출하는 중이고, 고급스러운 제품 마케팅 전략과 질 좋은 제품으로 아모레퍼시픽이 미국 인과 미국 내 아시아인에게 선풍적인 인기를 끌고 있다. 저가 화장품 기업인 에이블커뮤니케이션(Able C&C)의 미샤도 큰 인기를 얻으며 성장세에 있고, 최근에는 치킨 체인점이 인기가 많다. 파리바게뜨 같은 제과 브랜드들도 무서운 속도로 성장하고 있다. 그 외에도 북창동순두부, 레드망고, 핑크베리, 모닝글로리, 네이처리퍼블릭 등이 지점을 늘려 가고 있다.

그리고 슈퍼마켓 체인인 H마트, 의류 기업인 포에버21, 미용 제품 기업인 키스 등이 미국에 설립되어 성공한 기업들이다. 이 기업들은 재미 교포가 설립한 로컬 회사, 즉 미국 회사라고 보면 된다.

이처럼 미국 내에 성장하고 있거나 이미 중견 기업으로 자리 잡은 한국계 기업이 많다. 그러니 미국 회사만 생각하지 말고 미국에 있는 한국계 회사를 고려해 보는 것도 좋을 것이다. 분야에 따라 비자 스폰서를 받을 수 있는 여건이 다르므로 사전에 철저히 조사한 후에 자신의 적성과 전공에 맞는 회사에 지원한다면 분명 성공 가능성이 클 것이다.

3

현실을 알면 대안이 보인다

MBA, 아무 데나 가지 마라

우리 회사는 한국인을 비롯한 아시아 인재를 세계에서 찾아 다국적기업에 취업할 수 있도록 돕고, 취업 후에도 잘 적응하게 지원하는 일을 한다. 그것을 위해 리크루팅을 하거나 잡페어를 열고 온라인 툴을 이용하여 교육한다. 취업 준비 과정을 돕는 차원에서 대학교를 찾아다니며 세미나를 개최하기도 한다.

한국에서는 서울대, 연대, 고대 등 소위 명문대를 나와야 취업에 유리하다고들 말한다. 그러나 미국은 다르다. 단순히 학벌보다는 개개인을 특별한 개성과 실력을 기준으로 판단하기 때문에 아무리 하버드를 나왔어도 특정 업무에 필요한 능력이나 성격을 갖추지 못하면 찬밥 신세를 면할 수 없다.

미국 대학교에 유학하거나 진학을 고려하는 학생에게 꼭 해주고 싶은 말이 있다. "학교 이름만 보고 판단하지 말라"는 것이다. 학사 과정은 하버드를 비롯한 상위 1~2%의 아이비리그를 뺀 나머지 98~99% 대학은 별반 차이가 없다. 무슨 말인가 하면 아이비리그를 제외하면 성공 여부가 순수하게 개개인의 경력과 실력에 달려 있을 뿐 학교 간판으로 취업에 유리하거나 불리할 일이 없다는 뜻이다.

　얼마 전 루이지애나 주의 한 학생이 하버드, 스탠퍼드, 프린스턴 등 명문 대학에 줄줄이 합격했는데, 결국 집에서 가깝고 학비가 저렴한 루이지애나주립대학교에 입학해서 화제가 된 적이 있다. 한국인의 시각에서 보면 이해할 수 없는 일일 테지만 그 학생이 주립대학교에 들어가서 아주 우수한 성적으로 졸업한다면 졸업 후에 취업할 때 아이비리그 졸업생과 큰 차이가 없다. 그것을 알기에 학생이 그런 결정을 내릴 수 있었을 것이다.

　대학원 과정을 준비하는 젊은이들에게 많이 받는 질문이 "MBA가 꼭 필요한가?" 또는 "MBA가 커리어에 큰 도움이 될까?"이다. 우리 회사는 2007년에 아시아계 미국인 MBA 협회를 창설하여 매년 뉴욕에서 MBA 학생 2,000여 명과 인재를 원하는 기업을 한 자리에 모아 콘퍼런스를 열고 있다. 그러니 MBA 학생들을 만날 기회가 많았고, 그만큼 관련 지식도 많이 쌓아 왔다.

　MBA는 Master of Business Administration의 약자로 '경영학 석사'로 번역할 수 있지만, 학문으로서 경영학을 연구하는 석사와는 성격이 크게 다르다. 일반 전공 분야는 학사를 마치고 1~2년 석사 과정을 공부하고 나면 이래저래 도움이 된다. 학사만으로 부족한 경험과 지식을 석사 과정에서 보충할 수 있기 때문이다. 석사 학위를 취득한 뒤 더 나은 조건으로 취업할 수도 있고, 박사 과정에 들어갈 수도 있으니 공부하는 시간이나 비용이 낭비된다고 볼 수 없다.

그러나 MBA는 기업의 경영자를 양성하는 프로그램이다. 회사에서 빨리 성공할 수 있도록 날개를 달아 주는 학위라고 보면 된다. 그렇기 때문에 3~4년 경력자들만이 지원할 수 있다.

MBA 지원요건은 학사 때의 전공이나 경력 분야와는 크게 상관없다. 많은 사람이 MBA는 경제, 경영을 전공한 사람이 들어가는 과정으로 알고 있는데 그렇지 않다. 미대나 음대 졸업생도 영문학을 전공한 사람도 지원할 수 있다. 한마디로 전공을 불문하고 아무나 지원할 수 있다. 다양한 분야에서 열심히 일하여 두각을 나타내고 실력을 인정받은 인재들이 가는 곳이 MBA다.

MBA는 리더란 어떻게 해야 하는가를 가르치는 과정이기 때문에, 이 교육을 받은 사람과 받지 않은 사람은 차이가 클 수밖에 없다. 기업은 이러한 리더 교육을 받은 인재를 임원으로 앉히기 위해 많은 돈을 주고 모셔 간다. 즉 기업의 임원이 될 재원을 검증하는 과정이라고 할 수 있다.

그래서 학사 과정을 위한 대학 입학에 대해서 내가 했던 "학교 이름만 보고 판단하지 말라"라는 조언을 이번에는 뒤집어야 한다. "반드시 학교 이름을 보고 판단하라"고 말이다. MBA 과정은 예외적이기 때문이다. 내가 학교 이름을 따져 봐야 한다고 유일하게 강조하는 것이 바로 MBA다. 미국 내 상위 30위권 안에 들지 않는 학교는 신중하게 생각하고 결정해야 한다.

상위 30위권에 드는 MBA 프로그램에 들어가기 위해서는 시험 성적이 좋아야 할뿐더러 경력이 인상적이어야만 한다. 그러니 미국에서 500개가 넘는 MBA 학교 중 상위권 학교에 입학한 학생이라면 입학 허가만으로도 실력과 자질을 검증받은 것으로 보는 것이다. 다시 말해 상위권 학교에 들어가지 못한 사람은 기업의 입장에서 보면 그만큼 투자 가치가 낮다는 뜻이므로 그가 MBA를 취득했다고 해서 특혜를 줄 이유가 없다.

그러므로 "MBA가 꼭 필요한가?"라는 질문에 대한 나의 답은 이렇다. 상위 30위권 학교에 합격했다면 어떻게든 꼭 가라. 미국이 아니고 유럽이나 아시아에 있는 학교를 고려한다면 글로벌 랭킹 50위 안에 드는 학교를 선택하여야 한다. 목표가 뚜렷하다면 비용이나 시간을 투자한 보람이 확실히 보장될 것이다. 그러나 그 외 학교라면 굳이 갈 필요가 없다는 것이 내 의견이다. 적어도 미국에서는 말이다.

MBA는 대개 2년 과정에 학비가 엄청나게 비싸다. 그러니 상위권 학교가 아니라면 차라리 그 시간에 경력을 더 쌓든지 아니면 그 돈으로 창업하는 게 더 낫다. 이것은 내 개인적 의견만이 아니라 최근 미국 경제 신문에서도 많이 거론되는 관점이다. 물론 취업 목적이 아니라면 어느 학교에 가든 상관없다.

나는 학사 졸업 후에 공부를 더 할 생각이 없었지만 회사를 운영하면서 MBA 과정을 수료했다. 굳이 학위를 취득한 것은 다름 아닌 인맥 때문이었다. 회사를 창업한 후 3년 정도 지났을 때였다. 헤드헌터로서 클라이언트(client)를 확보하기 위해서는 인사과 직원들을 많이 만나야 하는데, 그들만의 모임이 따로 있는 것도 아니므로 한군데서 인사 담당자를 여럿 만날 기회가 없었다. 어디서 만날 수 있을까 고민하다가 인사과 직원들이 많이 듣는 수업을 들으면 자연스럽게 만날 수 있겠다는 결론에 도달했다.

그래서 뉴욕 맨해튼의 버룩 칼리지(Baruch College) 비즈니스 스쿨에서 인사과 집중 MBA 과정을 들었다. 우리 회사의 세일즈를 위해 들어간 것인데 자그마치 5년이 지나서야 졸업할 수 있었다. 그곳에서 인사 관련 전문가들을 많이 만날 수 있었고 인맥을 견고히 구축할 수 있었으니 소기의 목적은 달성했다.

아무 자격증이나 따지 마라

한국에서는 자격증도 유행을 탄다고 들었다. 자격증만 취득하면 누구나 쉽게 돈을 벌 수 있는 것처럼 광고할 뿐 아니라 새로운 자격증도 계속해서 생겨난다. 자격증이 얼마나 다양하고 시험이 얼마나 많은지는 취업 준비 중인 젊은이들이 제일 잘 알 것이다.

서울 어느 대학교에서 특강을 하던 중에 한 학생이 자신은 미국 회계사 자격증인 AICPA(American Institute of Certified Public Accountant) 시험을 준비하고 있는데, 이것이 미국에서 실제로 도움이 될지 궁금해했다. AICPA를 검색해 보니 관련 학원이 수십 개가 떴다. 과대 포장된 정보들로 뒤덮여 있었다. 마치 이 자격증만 있으면 미국에서 바로 회계사로 일할 수 있는 것처럼, 취업에 도움이 되는 결정적인 스펙이라도 되는 것처럼 광고하고 있었다.

그 학생에게 미안하지만, 나는 진실을 말해 줄 수밖에 없었다. 첫째, AICPA 시험에 합격했다고 공인회계사(Certified Public Accountant, CPA)가 되는 것은 아니기 때문이다. 미국에서는 공인회계사로 인정받고 명함에 CPA로 쓸 수 있으려면 회계 감사(Audit) 경력이 필수적이다.

둘째, AICPA를 취득하면 마치 미국 대기업에서 모셔 갈 것처럼 홍보하는데 절대 그렇지 않다. 지나치게 과장되어 있다. 회계사의 대표 업무가 세금 보고일 텐데 이것은 CPA 자격증이 없어도 가능하다. 실제로 뉴욕의 세금 보고 전문 업체 중에는 자격증이 없는 사람도 꽤 많이 속해 있다.

CPA 자격증은 변호사 자격증과는 성격이 완전히 다르다. CPA는 주주가 많은 대기업에서 순익 점검을 위해 회계 감사를 의뢰하는 외부 업체에 종사하는 회계사다. 그런데 한국에서 유행하는 AICPA 자격증은 기업의 신입사원에게는 현실적으로는 별 의미가 없는 종잇조각에 불과하다. 이 자격증이 필요한 시점은 회계 감사 관련 회사에 근무하거나 세금 보고 일을 하며 경력을 많이 쌓은 후에 공인회계사라는 정식 직책을 가지고 일하게 될 때 즈음이다. 그러므로 한국 대학생이 AICPA 자격증을 따는 것은 한마디로 몇 십 년 근무한 이후를 위해 자격증을 미리 따놓는 셈인 것이다.

경력이 일천한 상태에서 먼 미래를 위해 큰 비용과 시간을 들여서 취득하기에는 매우 비효율적이다. 학생들로 하여금 큰 비용을 들여 공부하도록 자격증 장사를 하는 것은 바람직하지 않다. 유감스럽게도 이것이 현실이다. 넘쳐나는 정보를 잘 선별하여 현혹되지 않기를 바랄 뿐이다.

유럽 말고 홍콩, 중국보다 싱가포르

요즘은 한국 대학생들도 미국이나 유럽뿐 아니라 아시아권에서의 취업에 높은 관심을 보인다. 내가 만난 학생 중에는 언어나 문화적인 측면에서 아무래도 우리와 이질적인 부분이 많은 미국을 포함한 영어권보다는 비교적 친근하게 느껴지는 중국, 홍콩, 싱가포르 등지에 더 관심을 두는 이들이 많았다.

우리 회사에서 2013년, 2014년에 홍콩과 싱가포르에서 글로벌 아시아 HR 콘퍼런스를 개최한 적이 있다. 현지에서 일하는 사람들이나 학생들과 접촉할 기회가 많았다. 헤드헌터로서 미국이 일하기에 가장 좋은 곳이라는 생각에는 변함이 없지만, 그때 경험을 바탕으로 판단하자면 아시아 쪽에서는 홍콩과 싱가포르를 강력하게 추천한다.

서울, 도쿄, 베이징 등 아시아를 대표할 만한 대도시가 많다. 그런데 다국적기업의 아시아 본부가 과연 어디에 있는가를 생각해 봐야 한다. 주로 홍콩과 싱가포르에 몰려 있다. 중국이 아무리 큰 시장이어도 아시아 본부를 중국에 둔 경우는 거의 없다. 중국의 베이징이나 상하이에도 세계적인 기업의 지사가 많이 들어가 있지만, 실질적으로 아시아의 경제 수도 역할은 홍콩과 싱가포르가 하고 있다.

그러므로 홍콩이나 싱가포르에서 취업하는 것이 미국 다음으로 경쟁력이 있다고 본다. 두 곳을 미국이나 유럽에 진출하는 중간 지점쯤으로 생각하면 이해하기 쉬울 것이다. 국제적인 경제 도시로서 외국인이 근무하기에 적합한 환경이다. 외국인과 현지인을 다르게 생각하지 않고 자연스럽게 받아들이는 문화가 있다.

싱가포르는 내가 개인적으로 가장 좋아하는 도시이기도 하다. 마치 아시아의 유엔 같은 느낌이랄까? 세계 각국의 사람들이 다 와서 일하는데 모두 자기 나라에 사는 것처럼 편안하고 행복해 보였다. 싱가포르의 공용어는 중국어, 영어, 말레이어, 타밀어다. 강력한 법 적용으로 치안이 잘 유지되어 관광하기에 안전한 나라이며 영어가 공용어인 만큼 세계의 경제 허브로서 성장 가능성이 매우 크다.

외국인이 얼마나 많은지 심지어 관공서에서도 별의별 나라 출신의 담당자를 만나게 되는 곳이다. 싱가포르의 유명 대학교 총장을 만났는데 인도계였다. 콘퍼런스를 준비하면서 만난 관광부 고위 간부는 유럽계 백인 여성이었다. 아마 아시아권에서 고위 공무원 자리에 서양인이 있는 경우는 거의 없을 것이다.

싱가포르는 해상교통의 중심지로 선박, 물류, 정유 산업이 크게 발달했다. 실제로 호텔 창문 밖으로 보이는 바다에 배들이 마치 주차장의 자동차들처럼 가득 세워져 있는 것을 보고 놀랐던 기억이 있다. 다만, 중국의 상하이가 해상교통의 중심지로 급부상하고 있다는 것이 문제라면 문제다.

싱가포르의 또 다른 문제는 인구 증가로 외국인의 유입을 점차 규제하게 될 것이라는 점이다. 지난 25년 동안 인구가 150만에서 600만으로 급증했는데 세계 각국의 인재들이 많이 이주해서 교육 문화 수준이 매우 높은 편이다. 국민소득이 세계 최고 수준인 것은 이미 유명한 사실이다. 그러나 좁은 면적에 인구가 계속해서 늘어나니 규제할 수밖에 없게 되었다.

중국은 떠오르는 경제 대국이다. 그러나 외국인에 대해 배타적인 문화이며 그만큼 제약이 많다. 중국어가 아무리 능통해도 자국민이 아니면 사업이나 취업이 쉽지 않다. 중국에서 성공한 한국인의 경험담에 빠지지 않고 나오는 내용이다.

따라서 중국 본토보다는 홍콩이나 싱가포르를 더 추천한다. 특히 금융 쪽 커리어를 꿈꾼다면, 홍콩을 강력하게 추천한다. 그 외에 아시아의 새롭게 떠오르는 시장인 태국, 베트남, 말레이시아,

인도네시아 등 동남아 나라들도 기회의 땅이 될 수 있다.

　근래 글로벌 기업 담당자들에게서 많이 들어오는 요청이 동남아 쪽의 고급 인력을 찾는 일이다. 미국에는 동남아 출신의 대학원 졸업생이 많지 않으므로 한국에서 동남아 쪽 언어를 배우거나 아니면 처음부터 미래를 계획하고 동남아로 유학하는 것도 좋은 방법이라고 생각한다. 동남아권에서 순위를 매기자면, 태국, 베트남, 인도네시아, 말레이시아 순이다.

　미국이나 아시아권이 아닌 유럽권의 취업은 추천하고 싶지 않다. 왜냐하면, 유럽은 이민법이 매우 까다롭고 미국보다 외국인에게 배타적인 편이기 때문이다. 쇠퇴 일로에 놓인 경제 상황 때문에라도 취업 가능성이 크지 않다고 본다. 독일을 제외한 유럽 여러 나라의 경제는 당분간 내림세를 면치 못할 것으로 조심스럽게 예측한다. 일단 취업에 성공한다고 해도 외국인으로 생활하기에 제약이 많다는 것도 유럽을 추천하지 않는 큰 이유다.

미국에서는 회사의 규모가 크다고 연봉이 더 높거나 근무 환경이 더 좋거나 경력에 더 도움이 되는 것이 아니라는 점을 알아야 한다. 좋은 회사가 곧 대기업이라는 한국식 사고방식을 과감히 버리고 열린 마음으로 일자리를 구하면 훨씬 빨리 취업할 수 있다.

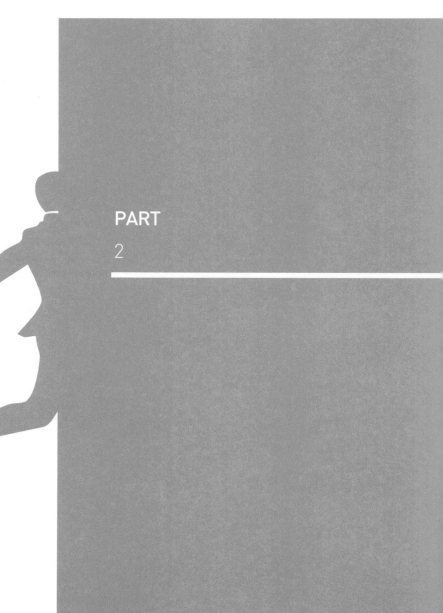

PART

2

Set
준비

Chapter 3
나를 명품으로
만들어라

글로벌 인재가 되는 세 가지 열쇠

1
당신은 브랜드다

당신은 유일무이한 존재다

미국에서 퍼스널 브랜드(personal brand)라는 개념이 몇 년 전부터 유행하기 시작했다. 한국에서도《스토리가 스펙을 이긴다》와 같은 책이 나오는 등 개개인의 특별한 스토리가 스펙보다 더 중요하다는 데 주목하기 시작한 것으로 알고 있다. 이는 퍼스널 브랜드 개념과 일맥상통한다. 다른 사람과 차별화되는 자기만의 스토리를 갖는 것이 곧 퍼스널 브랜딩이다.

미국 기업에 이력서를 제출했는데 면접 약속을 잡자고 한다면 기본적인 자격 심사에 통과했다고 보면 된다. 한 사람을 뽑는데 수십 명이 지원해서 그중 다섯 명에게 면접 기회가 주어졌다고 가정하자. 그 다섯 명은 스펙에 대한 검증이 이미 끝났다는 뜻이다. 아마도 학력이나 경력 등 기본 사항이 대동소이할 것이다.

고만고만한 지원자들을 검증하는 단계가 면접인데, 그때 다른 네 명의 경쟁자와 자신을 차별화할 수 있는 것은 특별한 스토리, 정감 가는 성격, 긍정적인 에너지 등이다. 면접 과정에 탁월한 학과 성적이나 높은 학력이 호감 요인으로 작용할 수도 있지만 가장 중요한 것은 바로 면접 때 보이는 자세와 인상이다.

미국에서 면접을 볼 때 반드시 듣게 되는 질문 중 하나가 "내가 왜 당신을 뽑아야 하는가"(Why should I hire you?)이다. 십중팔구 면접에서 꼭 듣게 되는 질문이니 미리 준배해 두는 것이 좋다. 이것이 바로 퍼스널 브랜드를 묻는 질문이다.

이때 면접관에게 자신을 뚜렷이 각인시키지 못하면 그들의 머릿속에서 당신의 존재는 잊힐 것이다. 그러니 질문 하나하나에 어떻게 대답해야 할지 시간을 들여 생각해 볼 가치가 있다. 입장을 바꿔 자신이 수십 명을 면접해야 한다면, 그중에 어떤 사람이 인상에 깊게 남고 오래도록 생각날지 상상해 보면 이해가 쉬울 것이다.

이 질문에 대해 미리 고민하지 않은 사람은 자신의 전공과 학과 성적에 대해 말하거나 뽑아 주면 열심히 일하겠다는 등의 뻔한 얘기만 하여 지루한 인상을 주게 될 것이다. 사실 대부분의 사람이 그렇게 대답한다. 그렇기 때문에 일반적인 답변이 아닌, 다른 사람과 차별화할 수 있는 부분을 강조하는 것이 중요하다.

예를 들어, 자신이 지원한 업무 포지션과 관련된 과거 경험을 들려주는 편이 훨씬 흥미롭다. 듣는 사람으로 하여금 이러이러한 경험이 있으니 우리 회사에 와서 잘하겠구나 하는 인상을 줄 수 있다. 퍼스널 브랜드를 만드는 데는 많은 노력과 시간이 소요된다.

면접관의 머리보다 가슴을, 그러니까 감성을 자극하여야 인상에 남을 수 있다. 이것이 바로 스토리텔링, 즉 퍼스널 브랜딩의 목적이다. 그래서 인터뷰 때 스토리를 많이 얘기하라고 하는 것이다. 재미있는 이야기는 누구나 좋아한다. 평범한 이야기가 아니라 흥미진진한 이야기여야 한다. 스펙이 비슷비슷한 여러 지원자와의 면접 대결에서 자신을 차별화할 수 있는 것은 독특하고 특별한 스토리뿐이다. 그렇지 않으면 쉽게 잊히고 만다.

그러므로 취업을 준비하는 사람이라면 몇 년 전부터 재미있고 흥미로운 스토리를 만들어 가는 것이 중요하다. 책상에 앉아 있기만 해서는 재미있는 이야기를 만들어 낼 수 없다. 이야깃거리가 될 만한 경험을 틈틈이 해 두는 것이 좋다.

거창하지 않아도 된다. 개인적인 어려움을 어떻게 극복했는지, 그것을 계기로 자신이 얼마나 성장했는지를 들려주어도 좋다. 진솔한 이야기에는 마음을 움직이는 힘이 있다. 유엔에서 인턴십을 했다는 자랑보다 오히려 실패담이 훨씬 더 깊은 인상을 줄 수 있다.

외국인으로서 문화 차이와 영어 소통 문제를 극복하기 위해 노력했던 이야기도 좋고, 영어를 배우는 과정에서 겪었던 해프닝을 들려주어도 좋다. 단, 이야기가 빤하지 않고 흥미로워야 한다. 몇 달씩 밤낮으로 일해서 번 돈으로 비행기를 타고 무작정 찾아왔다는 식의 무모한 듯 들리는 이야기도 강한 인상을 줄 수 있다.

면접에서 기억할 것은 면접관들이 당신만의 독특한 이야기를 듣고 단순히 재미있어하는 게 아니라 그것을 통해 당신이 어떤 사람인지 퍼스널 브랜드를 파악한다는 것이다. 따라서 이야기 속에 당신의 장점과 강점을 지혜롭게 담아내야 한다. 이것이 포인트다.

대기업이나 정부 기관에서 인턴십을 했다는 이야기보다 개인적이고 소박한 이야기 속에 자신이 얻은 인생 교훈을 담아 진솔하게 들려주는 것이 훨씬 강렬한 인상을 준다. 심지어 면접관이 당신의 이야기를 듣고 돕고 싶은 마음이 들 수도 있다.

어떠한 질문을 받아도 자연스럽게 이야기를 이어 갈 수 있으려면 미리부터 여러 가지를 준비해 두어야 할 것이다. 또한, 회사마다 선호하는 인재상이 다르다는 것을 명심하고, 그에 맞는 캐릭터가 담긴 이야기를 골라 놓는 것이 좋다. 어떤 회사는 충성심이 강한 인재를 최고로 여기는가 하면, 또 어떤 회사는 자주적이며 독립적인 인재상을 추구하기도 한다. 각 회사의 홈페이지를 보면 어느 정도 파악할 수 있으며 기업 관련 기사를 검색해서 읽고 가면 충분히 도움이 될 것이다.

자기만의 이야기를 만들어라

나는 브랜딩이 쉬운 경우에 속한다. 대학 졸업 후 30여 년간 외길을 걸어 왔고, 나만의 스토리라고 할 수 있는 게 많기에 따로 브랜딩할 필요가 없다. 내 브랜드는 아시아의 인재들을 기업과 연결함으로써 개인과 기업의 발전을 돕는 회사를 운영하는 것이다.

꾸준히 묵묵하게 한 길을 걸어옴으로써 이 분야의 대표 인물이 되었으니 이것이 자연스럽게 나의 브랜드가 된다.

내가 퍼스널 브랜딩을 위해 일부러 한 일이 있다면, 90일간 미 대륙을 횡단했던 일이다. 거창하게 '아시안 리더십 투어'라고 이름 붙인 이 여행을, 사람들은 크레이지 투어(crazy tour)라고 불렀다. 이것은 두고두고 재미있는 이야깃거리가 되었다.

미국 동부 뉴욕에서 서부 로스앤젤레스까지 차로 운전해서 90일간 이동하며 여러 대학교의 학생회, 대기업의 인사 담당자들, 리크루터, 헤드헌터 등 비즈니스 관련하여 내가 갈 수 있는 모든 회사를 방문했고 만날 수 있는 모든 담당자와 미팅했다. 처음 30일간 굵직한 미팅들은 미리 잡아 둔 것이었는데 이동하면서 사무실에서 원격으로 지원을 받아 다음 도시에서 미팅할 회사를 정했다. 틈틈이 새로운 약속을 잡기도 했다.

로스앤젤레스에서 비행기를 타고 아시아로 건너가 홍콩, 싱가포르, 상하이 등을 방문하여 가는 곳마다 인맥을 총동원하여 최대한 많은 사람을 만나고 다양한 기업과 미팅했다. 그 후 서울에 잠시 들렀다가 다시 샌프란시스코에 날아와서 자동차로 이동하며 다양한 회사들을 만나면서 보스턴에 도착했고, 거기서도 북부 도시들을 방문한 후에야 뉴욕으로 돌아왔는데 90일이 걸렸다.

90일간 미 대륙 횡단을 두 번이나 하며 약 50개 대학교와 120회 미팅을 했으며 100여 기업의 비즈니스 담당자들과 일대일 미팅을 했다. 한 도시에 도착하면 미팅을 몇 번 하고 다음 목적지로 출발했다. 도시에 도착해서 호텔에 체크인, 하룻밤 자고 그다음 날 아침에 체크아웃하여 다음 도시로 이동하는 생활을 반복했다.

매일 아침저녁으로 짐을 싸고 풀면서도 계획한 대로 다 이룰 때까지 끝장을 보리라 다짐하곤 했다. 다음 목적지에 닿을 때까지 한꺼번에 25시간 동안 운전한 적도 있고, 허리 부상이 심각하여 응급차에 실려 간 적도 있을 만큼 험난한 여정이었다. 지금도 기억을 떠올리는 것만으로도 온몸이 쑤셔 오는 기분이 든다. 다시 하라고 하면 절대 할 수 없지만, 그만큼 보람 있었고 내 인생에 있어 훈장과도 같은 귀한 경험이었다.

굳이 무리한 여행을 계획하고 떠났던 이유는 인터넷이 없던 시절에 아시아계 헤드헌터로서 나를 널리 홍보하기 위해서였다. 당시에는 내 이름과 회사를 미국 전역에 알릴 방법이 딱히 없었다. 나의 퍼스널 브랜드를 키우기 위해서 떠난 무모한 여행이었다.

업계에서 누구도 시도하지 않은 일이었기에 더욱 적극적으로 도전했고, 결과적으로 나만의 브랜드를 구축하는 계기가 되었다. 실제로 크레이지 투어 이후에 많은 이들이 나를 기억해 주었다. 그 여행이 업계에서 우리 회사를 진지하게 받아들여 주는 계기를 마련해 주었다.

이처럼 퍼스널 브랜드는 취업 때만이 아니라 취업 전후로 평생에 걸쳐 오랜 시간 발전시켜야 한다. 나만의 브랜딩은 특히 외국인으로 갖게 마련인 핸디캡을 극복할 수 있는 절호의 기회이자 유일한 돌파구가 된다. 자신만의 특별한 이야기를 만들고 자신의 강점이 무엇인지 차근차근 파악해 나가길 바란다.

엘리베이터에서 누구와 마주칠지 모른다

미국인들은 한국인들과 달리 모르는 사람과도 거리낌 없이 대화한다. 길에서 낯선 사람과 마주치면 인사하고, 스타벅스에서 주문하느라 줄을 서 있다가도 인사를 나눈다. 엘리베이터를 타도 마찬가지다. 처음 만나는 사람끼리 날씨 같은 간단한 주제에 관해 짧은 대화를 나누는 것이 일상적인 모습이다.

엘리베이터 피치(Elevator pitch)라는 용어가 있다. 엘리베이터가 오르내리는 아주 짧은 시간에 자사의 제품이나 서비스, 단체 혹은 특정 사안을 간략하게 소개하는 것을 가리키는 말이다. 즉 1~2분 안에 상대의 마음을 사로잡을 수 있도록 준비해야 한다는 뜻이다. 자신이 꿈꾸는 회사의 대표 이사와 엘리베이터에서 우연히 마주쳤다고 생각해 보라. 일상적인 인사를 나눌 뿐만 아니라 좋은 인상을 남기고 싶다면 어떻게 말하는 것이 좋을까?

실제로 엘리베이터 피치를 통해서 크게 성공한 뉴욕대 동문 선배가 있다. 지금은 한국 증권계의 대부가 되었는데 이렇다 할 경력이나 인맥이 없던 젊은 시절에 그는 엘리베이터에서 우연히 만난 타 회사 사람과의 짧은 대화를 계기로 이직에 성공하여 오늘날의 자리에 오를 수 있었다. 엘리베이터 피치로 인생 역전에 성공한 셈이다.

늘 준비되어 있는 사람만이 기회가 왔을 때 포착할 수 있다. 평소에 근력 운동을 하지 않은 사람이 어떻게 순발력을 발휘할 수 있겠는가? 어떤 면에서는 화려한 스펙의 이력서보다 엘리베이터 피치에서 보이는 자신감이 더 큰 힘을 발휘한다.

보통 인터뷰를 시작할 때 첫 마디가 "자기소개를 해 주세요"(Tell me about yourself)이다. 미국에서는 어느 면접에서나 첫 질문이 똑같다고 해도 과언이 아니다. 대부분의 사람은 이미 제출한 이력서에 담긴 사항을 다시 소개하곤 한다. 이름, 출신, 전공 등을 줄줄이 읊는 것이다.

그러나 면접관은 당신의 이력을 듣기 위해 자기소개를 물은 것이 아니다. 당신의 특별함이 무엇인지를 묻는 것이다. 즉 "당신의 브랜드는 무엇입니까"(What's your brand?)라는 질문과 동일하다.

어느 때든 기회가 왔을 때 유용하게 쓸 수 있는 자기소개를 이모저모로 준비해 두는 것이 좋다. 누군가를 소개받았을 때 10초짜리 인사말, 면접에서 첫인사로 30초짜리 자기소개, 대화의 물꼬를 트는 1분짜리 아이스브레이킹(ice breaking) 담소 등을 준비하라. 여러 사람을 만나 인맥을 넓히는 데 매우 유용할 것이다.

2

브랜드의 날개, 스폰서

멘토를 넘어 스폰서가 필요하다

미국 비즈니스 사회가 소통과 인맥 관리를 중요시하는 만큼 네트워크 형성이 매우 중요하다. 사회적 성공에 필수적인 요소로 여기고 끊임없이 이를 강조한다. 이것은 지난 수십 년간 강조되어 온 개념이다. 취업을 준비하는 대학생뿐 아니라 직장 생활을 이제 막 시작한 사회 초년생이나 경력자들까지도 이 개념을 피해갈 수 없다. 네트워크 형성은 일상생활에서 누구를 만나든 자신의 커리어에 도움이 되는 만남이 되도록 자신을 효과적으로 소개함으로써 쌍방에 유익한 인맥을 구축하는 활동이다.

그런데 네트워크라는 것이 워낙 광범위하고 막연한 개념이라 현실적으로 많은 이들이 이것에 부담감이나 거부감을 느낀다. 나는 미국식의 넓고 얕은 관계를 이어 가는 인맥 관리법은 선호하지 않는 편이다.

네트워크가 다양한 분야의 많은 사람을 알기 위해 끊임없이 노력하는 개념이라면, 내가 말하는 인맥 관리는 그보다 조금 더 좁고 깊은 개념이다. 인맥 관리에서만큼은 다다익선(多多益善)보다 자신에게 중요한, 혹은 중요할 것 같은 소수의 사람에게 시간과

공을 들여 관계를 견고히 유지해 가는 것이 중요하다.

이것이야말로 이 책에서 가장 중요한 결정적 개념이라고 할 수 있다. 취업을 목표로 해서만이 아니라 사회생활 내내, 나아가 평생 늘 염두에 두고 풀어 가야 할 부분이 바로 인간관계다. 내 경험에 비추어 봤을 때, 취업에 있어 가장 핵심 요소는 사람과의 관계를 만들어 내고 유지하는 것이다.

성공한 사람들의 이야기를 들어보면 혼자서 모든 것을 해낸 사람은 없다는 것을 알 수 있을 것이다. 아무리 능력이 출중하고 재능이 넘치는 사람이라도 필요한 때에 그를 돕는 누군가가 있어야만 성공할 수 있다. 기회는 사람과 함께 찾아오게 마련이다.

결정적 인맥은 그저 이름을 알고 인사 한두 번 나눈 정도로는 맺을 수 없다. 하루아침에 생기지도 않는다. 마음과 정성을 다해 적극적으로 도와줄 사람을 찾는 일이 쉬울 수야 있겠는가? 요컨대, 중요한 인간관계를 맺기 위해서는 오랜 시간과 노력을 들여야 한다는 것이다. 그래야 인맥을 적기에 제대로 활용할 수 있다.

최근 미국에서 새롭게 주목받는 핫 키워드가 있다면 스폰서 (sponsor)일 것이다. 네트워크보다 좀 더 의미가 분명하고, 실질적이며 효율적이라고 평가되는 개념이다. 누구를 만나서 연락을 주고받았는가를 중요시하는 네트워크보다 한 단계 나아가 자기를 위하여 시간과 노력을 다해 지원해 줄 정도로 친밀한 관계를 맺는 것이다. 네트워크의 막연한 활동보다 한 단계 진화한 개념이라고 할 수 있다.

한동안 멘토링(mentoring)이라는 개념이 유행했었다. 한국에서도 멘토와 멘티라는 용어가 어디서나 심심찮게 들릴 정도로 이 개념이 큰 파장을 불러일으켰던 것으로 안다. 멘토가 조언해 주고 가르치는 사람이라면, 스폰서는 그것을 넘어 적극적으로 지원하여 그가 원하는 곳에 다다르도록 이끌어 주는 사람이다.

미국에서는 2013년 무렵부터 스폰서란 개념이 유행하기 시작해서 지금은 멘토보다 스폰서라는 용어가 더 많이 쓰이고 있다. 새롭게 탄생하는 성공 신화에 늘 따라다니는 아주 긍정적이며 트렌디한 개념이다.

그런데 스폰서가 한국에서는 연예인과 재벌 사이의 부적절한 관계를 나타낼 때 쓰이고 있으니 단어의 본래 순수한 의미가 퇴색된 것 같아 안타깝다. 미국에 진출하고자 하는 많은 젊은이가 이 개념을 올바로 이해할 수 있도록 이 책에서는 스폰서라는 용어를 오히려 더 적극적으로 사용하겠다.

기숙사에서 스폰서를 만나다

내가 대학 때 비즈니스를 전공으로 선택했던 이유는, 이민자로서 성공하기 위해서는 좋은 직장에 다녀야 한다고 생각했고 그러기 위해서 비즈니스 공부가 필요하다고 판단했기 때문이다. 지금 생각해 보니 어린 나이에도 미국에서 이방인으로 살아가려면 녹록하지 않겠다고 직감했던 것 같다. 어떻게 해서든 살아남아야겠다는 생각이었다.

뉴욕대학교 재학 시절, 정말이지 눈코 뜰 새 없이 바쁘게 살았다. 4년이 말 그대로 쏜살같이 지나갔다. 필라델피아를 떠나서 처음 뉴욕 맨해튼에 왔을 때만 해도 낯선 환경에 익숙해지느라 시간이 더디 가는 것 같았다. 뉴욕이 어찌나 복잡하고 바쁜 도시였던지 정신없는 곳에 와 있다는 사실에 절망하며 괜히 왔다는 후회가 밀려왔다.

그러나 감상에 젖어 있을 수만은 없었다. 대학 입학과 동시에 용돈벌이를 위해 아르바이트를 시작했다. 집에 손을 벌리기가 싫어서 경제적인 완전 독립을 꿈꾸었다. 세탁소 알바, 배달 알바, 아이스크림 판매 알바, 사무용품 세일즈 등 가리는 것 없이 할 수 있는 것은 다 해 봤다.

대학 시절, 나의 첫 인턴십은 리먼브라더스에서 가졌다. 당시 대학생이 가장 입사하고 싶어 하는 선망의 대상 중 하나였다. 뉴욕대 재학 시절 아시아계 유학생 중에 한국인의 비율이 높은 편이었다. 하지만 한국계가 그렇게 큰 회사에 들어가기가 쉽지 않던 시절이었다. 피터 피터슨(Pete Peterson) 전 상무부 장관이 대표이사로 있던 때였는데 회사 내에 유색인종이 한 손에 꼽힐 정도로 소수였다.

그런 회사에 동양인인 내가 들어갈 수 있었던 것은 실력이 뛰어나서가 아니었다. 기숙사 룸메이트인 백인 친구의 삼촌이 리먼 브라더스의 임원이었기에 가능한 일이었다. 그 친구는 영문학 전공이었는데, 자기 삼촌의 추천으로 리먼브라더스에서 인턴십을 하고 있었다. 회사에서 그에게 다른 인턴을 추천해 달라고 한 덕분에 내가 들어갈 수 있었다. 학교 기숙사에서 스폰서를 만날 줄 누가 알았겠는가? 운이 매우 좋았다. 역시 미국은 인맥이 결정적인 힘을 발휘하는 사회다.

리먼브라더스에서 인턴십을 마치고, 한국 회사에 대한 호기심으로 아르바이트를 시작한 곳이 동국제강이다. 여기도 선배라는 인맥을 통해서 들어갔다. 나로서는 한국인들과의 첫 사회적 만남이었다.

3~4학년 때, 마케팅을 전공하여 마케팅 리서치 회사에서 인턴십을 했는데, 그때 진행했던 프로젝트 중에 지금도 두 가지가 잊히지 않는다. 코카콜라와 제너럴밀스(General Mills Inc.)에 관련된 큰 프로젝트들이었다. 코카콜라는 브랜드 옷을 런칭하기 위해 시장조사를 했고, 제너럴밀스는 요플레의 탄생을 앞두고 리서치를 했다. 아주 흥미로운 작업이었다. 정식으로 출시되기 전에 요플레 시제품을 들고 이런저런 조사를 하러 다녔다. 그제야 뉴욕으로 오길 잘했다는 생각을 했다. 뉴욕행을 결심한 것은 내 인생에 신의 한 수였던 셈이다. 지금도 슈퍼마켓에서 요플레를 볼 때마다 감회가 새롭다.

우리 어머니는 내가 아주 어릴 때부터 남자라면 누구나 군대에 다녀와야만 진정한 남자로 거듭날 수 있다고 말씀하셨다. 어머니는 내가 아는 가장 현명하고 강인한 여성이시다. 말도 안 통하는 먼 타향에서 4남매를 키우느라 자신의 인생을 오롯이 희생하셨다. 어머니 덕분에 우리 남매는 모두 성숙하고 독립적인 인격체로 자랄 수 있었다.

어머니의 가르침 덕분에 대학 입학과 함께 ROTC에 지원했다. 그해 입학생 중에 두 명만 선발되었는데, 그중에 내가 있었다. ROTC에 들어가면 4년 등록금 전액에 용돈과 책값까지 지원이 되므로 부유한 집안 출신이 아닌 내가 덕분에 대학을 무사히 졸업할 수 있었다. 뉴욕대학교가 미국 사립대학 중에 가장 크고 등록금이 비싸기로 유명한 학교인데도 말이다.

미국 대학교는 인턴십을 비롯해 해외 학교와의 연계 프로그램이나 학기 중 봉사 활동 및 특별활동을 장려한다. 지금도 미국 전역에서 대학생들이 방학 기간에 인턴십을 하기 위해 뉴욕에 몰려든다. 뉴욕에는 패션, 디자인, 미디어 분야 기업이 많다. 특히 비즈니스 관련 공부를 하는 학생이라면 뉴욕을 강력하게 추천한다.

한국 유학생들은 공부하느라 도서관에만 처박혀 있는 경우가 유독 많다. 학과 외 활동에는 거의 참여하지 않고 좋은 성적을 올리는 데만 혈안이다. 한국에서 학비를 조달하여 공부하는 처지이니만큼 학점을 잘 받기 위해 노력하는 것은 바람직하지만, 미국에서 취업할 계획을 하고 있다면 오로지 학점에만 매달리는 것은 전혀 현명하지 않다.

학업 외에 대학 시절에만 할 수 있는 다양한 활동들을 놓치지 않고 해 둘 필요가 있다. 과외 활동을 통해 맺은 인맥이 졸업 후에도 오랫동안 유지되기 때문이다. 미국 대학교는 같은 전공의 동기생들 못지않게 과외 활동을 함께한 선후배들의 관계가 끈끈하고 돈독한 것이 특징이다.

나는 내성적인 성격이지만 어릴 적부터 노래하는 걸 즐겨서 공부하랴 아르바이트하랴 바쁜 와중에도 뉴욕대학교 합창단 활동을 했다. 매년 크리스마스 때마다 록펠러센터 크리스마스트리 점등식에서 우리 합창단이 캐럴 공연을 했는데 재학 4년 동안 공연에 빠지지 않았다. 유럽 순회공연까지 했으니 내게는 특별한 경험이었으며 오늘날까지 잊히지 않는 추억으로 남아 있다.

할리우드 배우 중에는 대학 시절에 연극 동아리 활동을 하다가 배우가 되었다는 사람이 꽤 많다. 미국 유학을 생각하는 학생이라면 전공과 무관한 다양한 과외 활동에 참여할 것을 적극적으로 권유한다.

취업과 인맥은 불가분의 관계다

아무리 미국에서 오래 살고 명문 대학교를 나왔어도 취업하지 못한 채 한국으로 돌아가는 유학생이 많은 이유는 그들이 가장 중요한 핵심을 간과했기 때문이다. 바로 취업은 누군가를 만나야 가능하다는 사실, 즉 사람을 만나야 일이 이루어진다는 진리 말이다.

기술 문명이 발전하여 사람 대신 기계가 일하는 시대가 온다 해도 신입사원은 컴퓨터가 아닌 인사과 담당자가 뽑는다. 결국, 취업에 관한 모든 결정은 사람이 할 일이라는 뜻이다. 한국뿐 아니라 전 세계 어디를 가도 인맥과 취업은 떼려야 뗄 수 없는 관계다. 그러니 자기를 도와줄 사람을 찾아서 그를 통해 기회를 얻는 노력을 해야 한다.

예를 들어, 내가 진출하고 싶은 분야의 대가나 내게 도움을 줄 수 있는 위치에 있는 경력자가 있는데, 그와 전화나 이메일을 주고받을 정도의 관계를 갖고 있다고 해 보자. 미국인은 대체로 스포츠에 관한 관심이 높다. 그 사람이 야구를 좋아한다면 이런 방법을 써 보는 것도 좋다.

우선 양키스타디움(Yankee Stadium)에서 좋은 자리를 두 석 산다. 그런 다음, 그 사람에게 "저랑 같이 야구 게임 보러 가실래요? 제가 모실게요"라고 한다면 대부분 부담스러워할 것이다. 그 대신에 "친구가 양키스타디움에서 일하는데요. 좋은 자리라면서 표를 두 장 주더라고요. 지난번에 감사한 일도 있고 해서, 시간이 되면 같이 가실래요?" 하고 가볍게 말을 걸어 보는 것이 낫다. 그러면 상대방도 부담감 없이 갈 수 있을 것이다.

그렇게 해서 온종일 사무실에서 힘들게 일하고 난 뒤에 야구장에서 기분 좋게 맥주 한잔하면서 경기를 본다면, 그 사람과의 관계가 한층 돈독해질 것이다. 그도 그럴 것이 서너 시간 동안 나란히 앉아서 이런저런 이야기를 나누고 한목소리로 응원하며 경기 관람을 즐긴다면 그때부터는 그냥 아는 사이가 아니라 아주 잘 아는 사이가 될 수 있기 때문이다. 콘서트나 브로드웨이 뮤지컬을 함께 봐도 좋다. 방법은 무궁무진하다.

어느 날, 내가 가르치던 멘티가 나와 식사를 하고 싶다고 청했다. 가자고 한 곳이 맨해튼에서도 꽤 비싼 고급 레스토랑이어서 속으로 깜짝 놀랐다. 그가 내 마음을 읽었는지 "저희 이모가 레스토랑 상품권을 선물로 주셨어요. 그러니 부담 갖지 마세요" 하고 센스 있게 말해 주었다.

그가 내게 배운 것을 나한테 적용하는 걸 보니 재미있기도 하고 뿌듯하기도 했다. 맛있는 음식과 와인을 즐기며 그와 심도 있는 이야기를 나누었는데, 그의 적극적인 태도가 마음에 들었다. 나이는 어리지만 인맥 관리를 하는 데 정성과 노력을 기울이는 걸 보니 기특하기도 했다. 그날 그에 대해 많은 것을 알게 되었고 그만큼 그와의 관계가 친밀해졌다.

그 후 그가 관심 있다고 말한 분야의 소식을 접할 때마다 자연스럽게 그가 떠오르며 도와주고 싶은 마음이 들었다. 그때마다 필요한 정보와 도움을 주곤 했다.

한국 유학생들을 만나면 안타까울 때가 많다. 미국에 있는 동안에 다양한 사람을 만날 수 있을 텐데, 황금 같은 기회를 활용하지 않는 것 같아서다. 우수한 성적으로 졸업하기만을 목표로 삼고 학교생활을 하다가는 졸업 후에 이른바 '멘붕'에 빠질 수 있다. 후회해도 이미 때는 늦었다. 졸업과 동시에 학생 비자는 끝나는데, 취업하여 비자 스폰서를 받기까지 1년의 OPT 기간이 눈 깜짝할 새 지나가 버린다. 그러니 발등에 불이 떨어지기 전에 학교에 다니는 동안 틈틈이 인맥을 만들어 나가야 한다.

공부를 뛰어나게 잘해서 학위만 가지고도 스카우트되는 경우가 있기는 하지만 손에 꼽힐 정도로 극소수에 불과하다. 실질적인 도움을 주고 성심껏 지원해 줄 사람을 만나서 관계를 잘 발전시켜 나가야 한다. 미국에서 말하는 스폰서의 개념이 바로 이것이다.

스폰서가 되어 줄 사람은 기업 임원부터 인사 담당자까지 다양하다. 그런 사람을 길에서 우연히 만날 수도 있고, 누군가에게 소개받을 수도 있고, 아니면 피트니스 센터에서 운동하다가 만날 수도 있다.

우연을 필연으로 만드는 적극성이 필요하다. 운도 실력이라는 말이 있다. 하늘은 스스로 돕는 자를 돕는다고 하지 않던가? 내게 필요한 도움을 줄 수 있는 사람, 그것도 힘껏 도와줄 수 있는 사람을 찾아야 한다. 필요할 때마다 나를 위해 전화를 걸어 주고, 추천장을 써 주고, 힘이 되어 줄 인맥을 연결해 줄 사람 말이다. 진정한 스폰서를 갖기 위해서는 만남만이 아니라 관계를 발전시키고 지켜나가는 노력이 필요하다.

의외의 곳에서 발견하는 황금 인맥

스폰서를 찾는 가장 효과적이고 간편한 방법 중 하나가 바로 봉사 활동이다. 사람들이 미처 생각하지 못하는 방법이기도 하다. 이 책에서 딱 한 가지만 기억하라고 한다면 바로 이것을 추천하고 싶다. 그 정도로 매우 중요하며 유용한 방법이다.

봉사 활동의 중요성은 미국에서 오래 살아온 교포나 유학생도 잘 모르는 부분이다. 미국 주류 사회와 관련된 경험이 부족하기 때문이다. 미국 문화를 속속들이 경험하고 이해해야 비로소 알 수 있다.

봉사 활동은 자신의 전공이나 속한 분야에 상관없이 참여할 수 있다. 취업이나 학업과 달리 누구에게나 문이 열려 있으므로 신분의 제약이 있는 외국인으로서 접근하기가 매우 좋다. 심지어 비자도 상관이 없다. 비영리 활동을 통해 어려운 이웃을 돕거나 좋은 일을 하면서 경험을 쌓고, 덤으로 좋은 사람들과 관계를 맺을 수 있는 이점이 있다. 봉사 활동을 하려는 순수한 마음을 잃지 않되 이것을 통해 스폰서를 찾겠다는 생각 또한 늘 염두에 두어야 한다.

미국 문화에는 봉사 활동의 이념과 가치가 깊이 뿌리내리고 있다. 학교를 비롯하여 사회 전체가 봉사 활동의 중요성을 늘 강조하고 있고, 봉사 활동을 하지 않는 리더는 존경받을 수 없다는 인식이 확고한 사회다.

역대 대통령들도 퇴임하고 나면 가족과 함께 많은 시간을 보내며 봉사 활동을 하겠다는 계획을 평소에 밝히곤 했다. 이력서를 봐도 봉사 활동 경력이 심심찮게 등장한다. 유명 연사를 소개할 때면 늘 어느 단체에서 몇 년 동안 어떤 봉사 활동을 해 오고 있다는 식의 수식어가 빠지지 않는다. 기업 임원이나 CEO는 더더욱 봉사 활동에 힘써야 사회적으로 존경받을 수 있다. 많은 이들이 업무 커리어만큼이나 봉사 활동 커리어도 세심하게 관리한다.

나도 그동안 다양한 분야에서 봉사 활동을 해 왔는데, 그중에도 가장 많은 시간과 노력을 기울인 곳이 바로 보이스카우트(Boy Scouts)다. 가까운 지인이 보이스카우트연맹의 임원으로 활동하던 중에 이사회에 아시아인이 한 명도 없다는 걸 알고, 아시아계 소년의 보이스카우트 가입을 장려하기 위해 나를 적극적으로 추천했다. 뉴욕 인구의 20%가 아시아계인데, 보이스카우트에서는 3%뿐이었던 것이다. 그래서 현재 보이스카우트연맹의 이사로 활동하고 있다. 이사회에 가면 사회에서 쉽게 접하기 힘든 인물들을 많이 만난다.

예를 들어, 나와 같은 이사직에 있던 고(故) 존 화이트헤드 (John C. Whitehead)는 골드만삭스(Goldman Sachs) 회장과 국무부 차관을 역임한 금융계의 대부요 살아있는 전설이었다. 그와 한 테이블에 앉아 몇 시간씩 담소를 나누는 것은 보이스카우트 연맹이 아니면 꿈도 못 꾸었을 일이다.

또한, 현 보이스카우트 총재인 로버트 게이츠(Robert Gates)는 윌리엄메리대학(College of William and Mary) 총장으로 조지 W. 부시 행정부와 버락 오바마 행정부에서 국방부 장관을 지낸 인물이다. 그 외에도 뱅크오브아메리카, 맥킨지 등 세계 유수 금융기업의 현직 임원들이 이사진에 포함되어 있다.

보이스카우트 모임에서 있었던 재미있는 이야기를 하나 들려줄까 한다. 언젠가 이사장의 지인인 뉴저지 풋볼팀의 오너가 갑자기 이사회를 방문한 적이 있다. 그의 아들이 보이스카우트에 가입하여 인사차 잠시 들른 것이다. 짧은 인사가 오가던 중에 그가 우리에게 필요한 것이 없느냐고 물었다. 이사장이 웃으며 "우리야 늘 돈이 필요하지" 하고 농담을 했는데(물론 진심도 담겼을 것이다), 그가 1초도 망설이지 않고 바로 지갑을 열어 수표를 끊어 준 것이다. 그가 쓴 금액을 보니 "50만 불"이었다. 우리 돈으로 5억이 넘는 돈이다. 그가 보이스카우트연맹에 와서 돈 자랑을 한 것일까? 아니다. 이처럼 미국에서는 기업가가 스스럼없이 기부하는 문화가 있다. 한마디로 기부와 봉사가 매우 자연스러운 곳이다.

얼마 전에는 이사진 중 한 명인 블랙록의 창립자인 래리 핑크 (Laurence Fink)가 내게 조찬 미팅을 제안했다. 내가 하는 아시아계 인재 채용 사업에 관심이 있다고 했다. 평일 오전에 그와 아침 식사를 하며 편안하게 격의 없는 대화를 나누었다. 세계 최대 자산운용사를 창립한 거물과 마주 앉아 보이스카우트에 관한 이야기를 나누면서 느낀 점은 의외의 곳에서 인맥이 만들어진다는 것이다.

헤드헌터는 다양한 분야의 전문가들을 네트워크로 연결하는 일을 한다. 그만큼 네트워크는 내 일에서 가장 큰 비중을 차지한다. 지난 몇십 년간 이 일에 종사하면서 살펴본 결과, 봉사활동만큼 네트워크가 자연스럽게 이루어지는 곳이 없다.

인재 채용과 관련하여 여러 기업의 대표, 대학교 총장, 시장, 주지사 등 수많은 사회 지도자들을 만나 봤지만, 대개 비즈니스 미팅이었다. 격의 없이 인간적인 친밀감을 느낄 수 있는 만남은 업무 현장이 아닌 봉사활동 모임에서 이루어진다.

이것 또한 준비를 철저히 하면 봉사활동을 하는 동안에 스폰서가 되어 줄 만한 사람을 만날 수 있지 않을까? 예를 들어, 미래에 일하고 싶은 기업에 관해 조사하다 보면 그 기업이 어느 자선단체와 연계하여 봉사활동을 하는지, 대표이사가 열의를 가지고 봉사하는 곳이 어디인지 정도는 알아낼 수 있을 것이다. 기업의 임원이나 대표이사가 아니더라도 그 회사 직원과 안면을 트고 친해진다면 다른 곳에서 연결된 인맥보다 훨씬 자연스럽고 긴밀한 유대관계를 만들어 낼 수 있을 것이다.

내 경험에 의하면 기업 임원이나 CEO는 주로 자신의 전문 분야와는 동떨어진 곳에서 봉사한다. 예를 들어, 자수성가한 사람은 자연보호 관련 단체에서 봉사하며 업무에서 오는 스트레스를 해소하려는 경향이 있다. 또한, 대기업 중역들은 어린이 자선단체를 선호한다. PETA(People for the Ethical Treatment of Animals)나 ASPCA(American Society for the Prevention of Cruelty to Animals)와 같은 동물보호 단체는 늘 인기 있다. 미술관, 박물관, 도서관 같은 시설에도 봉사자가 많다. 열거한 분야나 단체들이 성공한 사람들을 자연스럽게 만날 가능성이 큰 곳들이다.

생각해 보라. 취업을 희망하는 회사의 중역을 그의 사무실에서 만나는 것과 산에서 쓰레기를 줍다가 만나는 것 중에 어느 쪽이 더 자연스럽고 편안하겠는가? 당연히 자연보호를 위해 산에 올랐을 때 만나는 쪽일 것이다. 격식에서 벗어나 업무로부터 해방된 상태에서 마음이 얼마나 홀가분하겠는가?

게다가 자연보호 활동에 이미 누군가를 '돕고자 하는 마음'이 깃들어 있으므로 도움이 필요한 당신에게도 쉽게 마음을 열어 줄 수 있다. 한국에서 온 지 얼마 안 되어 영어가 미숙한 젊은 학생일지라도 그 순간 그 자리에서만큼은 동등한 입장에서 자연보호 활동을 하는 것이다. 그런 곳에서 만들어진 인맥은 관계의 견고함에서 분명히 차이가 있다. 또한, 그러한 방식으로 맺어진 네트워크는 수준이 남다르다.

유학생이나 어학연수생들은 대부분 미국에 와서도 한국인들끼리 어울린다. 어쩌다가 한국계 미국인, 즉 교포들이나 다른 나라에서 온 유학생들과 어울리기도 하지만 소수에 불과하다. 미국인들과 어울린다고 해도 대개 또래다. 교제 범위를 넓힐 필요가 있다.

뉴욕주립대학교(State University of New York) 경제학과 유학생이 있었다. 경제학은 유학생이 스폰서십을 받기 어려운 전공이다. 그녀는 지역 교회에서 운영하는 무료 급식소에서 몇 년간 봉사활동을 했다.

매주 급식소에서 마주치는 중년의 백인 남성이 있었다. 오랫동안 함께 활동했지만, 그가 어떤 일을 하는지는 몰랐다. 주말마다 새벽같이 일어나서 급식소로 달려가 음식을 준비하고 나눠 주는 일을 함께하다 보니 자연스럽게 친해졌다. 나중에서야 그가 뱅크오브아메리카의 중역인 것을 알았다.

그녀가 대학을 졸업할 때 즈음 뱅크오브아메리카에서 비자 스폰서십을 받아서 성공적으로 취업한 것은 어쩌면 당연한 결과다. 경제학 전공으로 스폰서십을 받는 것은 그야말로 하늘의 별 따기인데 그녀는 봉사 활동을 통해 좋은 일을 하면서 동시에 그곳에서 맺은 인연 덕분에 최고의 회사에 당당히 취업할 수 있었다.

미국에서는 체류 기간에 상관없이 누구나 봉사 활동에 참여할 수 있다. 단기 여행자도 가능하다는 뜻이다. 봉사 활동은 중요한 인맥을 만들 수 있는 가장 간단하면서도 효과적인 방법이다. 게다가 네트워킹처럼 누군가와 친해지려고 일부러 대화를 시도하는 어색함도 없다. 자원봉사로 좋은 일을 하니 보람을 느낄 수 있고 거기에 수준 높고 질 좋은 인맥까지 쌓을 수 있으니 그야말로 꿩 먹고 알 먹는 전략이라고 할 수 있다.

자신이 관심 있는 분야를 찾아서 적극적으로 참여해 보라고 권유하는 바다. 봉사활동 외에도 종교가 있는 사람은 정기적으로 다니며 많은 사람을 만나는 것도 좋은 방법이다.

3

브랜드의 기어, 창의력

들어는 봤나? 페이크 창업

미국에 여행이나 학생비자로 입국해서 일하며 돈을 버는 것은 불법이지만, 창업을 위해 시장조사 하러 다니는 것은 합법이다. 그러니 창업을 실제로 하든 안 하든 상관없이 목표와 계획을 세운 후 사람을 만나러 부지런히 다니기를 권한다.

실제로 창업을 준비하는 심정으로 동업자나 고객을 찾아다니듯 사람을 만나고 다니라는 것이다. 각계각층의 다양한 사람을 만날 수 있는 더할 나위 없이 좋은 이유가 되기 때문이다. 학생 신분으로는 만날 수 없는 사람들을 만날 수 있다. 영어 실력이 좀 떨어지더라도 적극적인 성격과 추진력이 있다면 특히 추천할 만하다.

이것은 스폰서를 만날 수 있는 참신한 방법이다. 만일 아이디어가 좋고 특이한 사업 아이템이 있다면 더욱 다양한 사람을 만날 수 있다. 게다가 취업비자는 제약이 많고 규제가 까다로운 데 비해 창업을 통해 받는 비자 스폰서십은 다양한 방향을 모색할 가능성이 있다. 물론 비자를 받았다고 해서 성공적으로 창업한다는 것은 거의 실현 불가능한 일이다. 다만 강조하고자 하는 핵심은 창업을 준비하는 과정에서 만나는 사람들의 수준에 있다.

뉴욕의 의류 회사에서 인턴십을 받은 여학생이 있었다. 어느 날, 그녀에게 소규모 투자로 시작할 수 있는 창업 아이디어가 떠올랐다. 아이디어를 발전시켜서 얼마 후 자신이 일하던 회사의 미국인 직원과 정식으로 파트너십을 체결하고 창업에 성공했다.

그녀의 창업이 얼마나 성공했는지는 중요하지 않다. 한 가지 분명한 것은 미국에 체류할 수 있는 신분 문제가 확실히 해결되었다는 것이다. 해외취업이나 이민을 준비해 본 사람이라면, 미국에서 합법적으로 일할 수 있는 신분을 얻기가 얼마나 까다로운지 잘 알 것이다. 분야에 따라 다르겠지만 스타트업의 수가 월등히 많은 IT 분야는 창업을 통해 비자 문제를 해결하는 사례가 수도 없이 많다.

안방에서 친구 만들기

만일 스폰서를 찾는 게 막연하게 느껴진다면, 소셜 미디어와 인터넷을 적극적으로 활용하여 관계를 만들어 나갈 수도 있다. 요즘은 한국을 여행하는 외국인도 많으니 한국에 머물러 있는 외국인과 친해지는 것도 방법이다. 영미권 출신 외국인들이 활동하는 모임이나 외국인이 많이 다니는 종교 모임에 참여해서 친구를 만들 수 있다.

단기든 장기든 다양한 사람을 만날수록 의외의 경력과 인맥을 가진 사람을 만날 기회가 많아진다. 사람 일을 누가 알겠는가? 세계적인 기업의 중역이 일에서 받은 스트레스를 풀고자 잠시 한국을 방문할 수도 있지 않은가. 지구촌이라고 할 만큼 집 가까이에서도 세계 각국 사람들을 만나는 것이 가능한 시대다. 어디서 누구를 만난다 해도 놀랍지 않은 일이다. 만일 그중에서 스폰서를 만나게 된다면 그것은 운보다 노력의 산물일 것이다. 어떤 방법을 사용하든지 간에 자신을 도와줄 사람을 만나는 것이 가장 중요하다.

스폰서를 만드는 과정에서 잊지 말아야 한 것은 나 또한 상대방을 어떻게 도울 수 있을지 생각하는 것이다. 누군가에게 도움을 얻으려고만 하면 자신도 모르게 마음이 불편해지게 마련이다. 그것이 상대방에게까지 전해진다면 분위기가 어색해질 수밖에 없다. 언제든지 그를 도울 자세가 되어 있고 어떻게 도울지를 늘 생각한다면 마음이 한결 가벼워지고 스스럼없이 대할 수 있을 것이다.

먼저 인간적으로 친밀해진 다음에 스폰서가 되어도 되는 것이다. 대부분의 사람은 인맥을 쌓는 네트워크 과정에서 머물곤 한다. 누구를 만나 봤고 누구의 연락처를 알고 있다는 정도에서 노력을 멈춘다. 그러나 취업을 위해 도움을 받을 정도가 되려면, 그저 악수하고 명함을 주고받는 것만으로는 의미가 없다. 이름만 알고 지내는 사람인데 도움이 필요할 때 발 벗고 나서 주기를 기대한다는 것이 말이 안 되지 않은가 말이다.

링크드인 적극 활용하기

한국에 있으면서 스폰서가 되어 줄 만한 사람을 만날 수 있는 가장 효과적인 도구는 소셜 미디어 중에 링크드인이다. 페이스북, 인스타그램, 트위터 등 한국 젊은이들이 사용하는 미국 소셜 미디어가 많은데, 해외취업을 고려한다면 무엇보다 링크드인을 적극적으로 추천한다.

링크드인은 직장인들의 페이스북으로 불릴 만큼 미국을 비롯하여 세계무대에서 필수로 꼽히는 유용한 도구다. 그런데 한국에서는 이것을 활용하는 사람이 많지 않다. 링크드인은 미국에서 사무직에 종사하는 사람이라면 거의 100% 올라가 있다고 해도 될 만큼 강력한 소셜 네트워크 서비스다. 최근 들어 많은 회사가 링크드인을 통해 인재를 채용하고 있고, 앞으로 그 비율이 더 늘어날 것으로 예상한다.

링크드인이 없던 시절에는 지원자가 네트워크에 얼마나 적극적인지 정확히 가늠할 방법이 없었다. 그러나 이제는 링크드인의 접속 숫자를 보고 정확한 수치로 판단할 수 있게 되었다. 나는 인터뷰할 때 페이스북 친구가 몇 명인지, 링크드인의 인맥이 얼마나 되는지를 꼭 물어본다. 인맥이 얼마나 구축되어 있는가를 보면 그 사람의 업무 스타일을 어느 정도 파악할 수 있다.

나도 링크드인을 적극적으로 활용하기 때문에 하루에도 몇 명씩 초대받는 것이 다반사인데 한국인은 거의 없다. 아시아인 중에 베트남, 태국 사람들의 초대가 엄청나게 들어오는 것을 보면, 아마도 한국인보다 그들의 가입자 수가 훨씬 더 많지 않을까 생각된다. 최근에 내게 초대를 보낸 10명 중 6명이 미국인, 3명은 베트남인, 1명이 태국인이었다. 그만큼 그들이 한국인보다 세계 트렌드에 발맞춰 간다는 뜻이 아닌가 싶다.

유튜브를 검색하면 링크드인 프로필을 작성하는 효과적인 방법들을 소개하는 동영상이 많다. 한국의 젊은이들도 다양한 노하우를 적극적으로 배우고 활용하여 네트워크를 키워 나가길 바란다.

링크드인은 실제 인맥을 만드는 과정과 유사하게 구현된 프로그램이다. 몇 다리를 건너서라도 아는 관계여야 프로필이 뜨기 때문에 인맥을 쌓는 데 시간이 걸린다. 그만큼 한 번에 많은 사람과 연결하는 것이 불가능하므로 시간을 갖고 꾸준히 공을 들여야 한다.

우리 주변에서 흔히 볼 수 있는, 4년제를 졸업한 순수 국내파 평범한 대학생이 있다고 하자. 마케팅을 전공한 그는 재학 중에 스펙을 열심히 쌓은 결과, 졸업 후에 작은 회사에서 연봉 2,000만 원을 받으며 일하게 되었다.

그는 전공과 어울리는 일을 하고 있으므로 업무 내용에는 큰 불만이 없지만, 업무 환경이나 업무량을 볼 때 연봉이 너무 적다고 생각한다. 주변의 친구들을 봐도 다들 비슷하게 살아가는 것 같다. 그는 미국에서 취업할 꿈을 가지고는 있지만, 그 흔한 어학 연수 한 번 가 보지 못했다. 학교 다니면서 이런저런 자격증을 따고 스펙을 쌓느라 바빴고, 어학연수보다 차라리 토익 점수를 잘 받는 것이 더 낫다고 생각했기 때문이다.

그는 회사에 다니며 시간을 쪼개어 영어 회화 학원에 다녔다. 영어 실력이 조금씩 향상되는 것 같다. 그렇다고 자신 있게 해외취업에 나설 만큼의 실력은 아직 아니다. 매일매일 꾸준히 성실하게 공부하여 영어로 이메일 정도는 자연스럽게 쓸 수 있게 되었다.

링크드인에 가입한 그는 자신과 같은 분야에 종사하는 미국의 회사원들을 검색해 보다가 크고 작은 회사의 인사 담당자들을 몇 명 찾아내어 친구 추가를 시도했다. 모두가 다 받아 주는 것은 아니지만 10명에게 신청하면 적어도 절반은 추가해 주었다. 그렇게 해서 20명 정도를 추가한 후에 그중에서 가장 관심 있는 일을 하는 몇 명에게 메시지를 보냈다.

"친구로 연결해 줘서 고맙다. 나도 같은 일을 하고 있다"정도의 간단한 인사말을 건넸을 뿐이다. 이따금 안부 메시지를 보낸다. 짧은 인사를 나눌 만한 주제는 얼마든지 있다. 미국에는 다양한 휴일이 있으니 크리스마스나 추수감사절 때 인사할 수도 있고, 평소에는 날씨 얘기를 해도 좋다. 진지한 얘기보다는 가볍고 부담 없는 주제로 얘기하는 것이 좋다.

그렇게 몇 개월에서 1년 가까이 메시지가 오고 간 후에 이렇게 하면 된다.

"안녕, 제인. 오랜만이야. 이번에 휴가차 미국에 놀러 가기로 했는데 간 김에 너와 커피 한잔 할 수 있을까?"

1년쯤 대화가 오간 사이이기 때문에 커피 한잔 나누는 일은 자연스럽게 이뤄질 수 있다. 그동안 시간과 공을 들여서 물밑 작업을 해 두었기 때문에 가능한 만남이다. 커피 한잔 하면서 담소를 나누고 헤어지고 나서도 계속해서 관계를 이어 나간다.

그러다 어느 날 그녀의 회사에 공석이 생기면 그에게 이런 메시지가 올 것이다.

"우리 회사에 자리가 났는데, 네가 예전에 관심 있다고 한 일이야. 이력서를 한번 내보는 게 어때?"

놀랍지만 실제로 일어나는 일이다. 당신이라고 성공하지 말라는 법이 없다.

우리 회사에서 6개월간 인턴으로 일한 S양의 실제 사례를 소개하겠다. 그녀는 인턴으로 일할 때부터 남다른 열심과 창의력을 보여 주었다. 인턴을 마치고 한국에 돌아가 복학했는데 얼마 지나지 않아 뉴욕 사무실에 불쑥 다시 나타났다.

반갑게 인사를 나누었는데 그녀가 내게 간이 명함을 내밀었다. 테슬라 자동차 사진과 "세상을 바꾸는 것들과 일하고 싶다"라는 말이 쓰여 있었다. 그녀가 들려주는 이야기가 매우 흥미로웠다.

그녀는 오래전부터 테슬라에서 일하는 것이 꿈이었다. 뉴욕에서 인턴으로 일하는 동안 배우고 느낀 것을 바탕으로 자신의 꿈을 이루기 위한 준비에 돌입했다.

한국에 돌아가서 링크드인을 통해 테슬라 차를 구매한 사람들과 테슬라 직원들을 찾아 친구 신청을 했다. 미국에서 그들을 만나면 쓸 간단한 설문지도 준비했다. 그뿐 아니라 테슬라와 경쟁할 만한 국내 자동차 회사를 방문하여 시장조사도 철저하게 했다.

그러고는 여름방학을 이용해 캘리포니아와 뉴욕을 방문하기로 하고 미리 연락해 두었던 테슬라 직원을 만나서 회사에 관한 이야기를 들었다. 그가 테슬라 차를 태워 주며 차에 관해 자세히 설명해 주었다. 실제로 타 보니 얼마나 빠른지 승차감이 어떤지 알 수 있었다.

또한, 전기자동차 급속충전기(Super charge station)에서 기다렸다가 충전하러 온 사람들을 대상으로 설문조사를 했다. 만나는 사람마다 있는 그대로 자신을 소개했다. "한국에서 온 학생인데 테슬라에서 일하고 싶은 마음에 이렇게 준비하고 있다"고 하니 모두가 정성스럽게 답변해 주었고 격려의 말을 아끼지 않았다.

그때 만난 사람 중에 생활정보 검색 전문 웹사이트인 옐프(Yelp)의 공동 창시자가 있었는데, 그가 테슬라 본사에 이메일로 추천서를 보내 주었다.

"자동차를 충전하러 들렀다가 우연히 S양을 만났는데 창의력을 발휘하여 열심히 조사하고 있더군요. 테슬라에서 이런 인재를 채용한다면 분명히 큰 도움이 되리라 생각합니다."

　마침내 S양은 테슬라로부터 연락을 받아 면접을 봤고, 현재 결과를 기다리는 중이다. 결과가 어떻게 나올지 아직 알 수 없지만 결과와 상관없이 면접을 본 것만으로도 대단한 성과를 거뒀다고 할 수 있다.

　이처럼 미국 기업들은 인재를 채용할 때 창의력을 발휘하며 진취적으로 행동하는 면을 높게 평가한다. 링크드인을 활용하여 도전에 멋지게 성공한 S양에게 좋은 결과가 있을 것으로 기대한다.

기술 문명이 발전하여 사람 대신 기계가 일하는 시대가 온다 해도, 신입사원은 컴퓨터가 아닌 사람이 뽑는다. 인맥과 취업은 떼려야 뗄 수 없는 관계다. 그러니 자기를 도와줄 사람을 찾아서 그를 통해 기회를 얻는 노력을 해야 한다.

Chapter 4

미국은
당신을 위한 무대다

미국에 대해 이해하기

1

무대에선 스웨그가 필요하다

인도 100 : 중국 88 : 한국 75

그동안 다양한 사람들을 많이 만나 본 결과, 아시아인 중에서 인도인이 서구인의 사고방식, 즉 마인드에 가장 가까운 것 같다. 미국에서 자란 인도인들뿐 아니라 인도에서 나고 자란 사람도 마인드가 비슷한 걸 보면, 그 나라의 문화와 가정교육이 태생적으로 영향을 끼치는 듯하다. 흥미로운 사실이다.

적극적인 성격을 비교해 보면, 아시아인 중에 인도인이 100점, 중국인이 88점, 한국인은 75점, 일본인은 48점 정도 된다. 개인차가 있겠지만, 평균적인 성향이 그렇다. 인도는 대대로 말로 지식을 전달하는 구술 문화가 발달했고, 중국이나 일본이나 우리나라는 문서로 전달하는 문자 문화가 발달한 것이 이유일까?

한국인은 지나칠 정도로 겸손하다. 어떤 일이든 자기가 실제로 한 것보다 더 작거나 적게 줄여서 말하곤 한다. 그렇게 하는 것이 예의요 겸손이라고 생각하는 것이다. 우리 문화는 겸손한 태도로 남에게 양보하거나 사양하는 것을 미덕으로 여긴다. 그것이 점잖고 우아한 태도라고 생각한다. 그리고 자기가 한 것 이상으로 부풀려 말하는 사람을 허풍쟁이라고 하며 경계한다. "빈 수레가

요란하다"는 속담이 있을 정도다.

그러나 미국은 빈 수레라도 요란하게 몰고 다녀야 무슨 일이든 해낼 사람으로 봐 주는 문화다. 예를 들어, 어떠한 일을 8만큼 했으면, 남에게 말할 때는 12 정도 했다고 떠벌린다. 듣는 사람도 누가 12를 했다고 하면 8 정도 했겠거니 하고 생각한다. 이것이 미국식 사고방식이다. 즉 미국에서는 누가 자신의 능력이나 성취도를 낮춰서 말하면 그보다 더 낮게 받아들인다는 것을 알아야 한다.

급변하는 세계에서 글로벌 인재에 관한 논의가 활발하다. 그런데 글로벌 인재로 거론되는 한국인이 많지 않은 것이 사실이다. 한국에는 성실하고 실력 있으며 똑똑한 인재들이 많다. 그런데도 너무 겸손한 나머지 평가절하되어 손해 보는 일이 많으니 안타깝다.

현재 펩시콜라의 최고경영자는 인도계 여성 인드라 누이(Indra Nooyi)로 그녀는 수년간 〈포춘〉이 선정한 "가장 영향력 있는 여성 경제인 50인"에 이름을 올렸으며 2006년에는 〈월스트리트 저널〉(Wall Street Journal)의 "올해 세계를 움직인 재계 여성 50인"에 선정되기도 했다. 또한, 미국을 대표하는 종합 금융 회사 씨티그룹의 최고경영자로 2007년부터 2012년까지 일했던 금융계의 거물 비크람 팬디트(Vikram Pandit)는 토종 인도인이다.

세계무대에서 성공할 가능성이 가장 큰 민족은 인도인인 듯하다. 지금까지 미국 대기업의 최고경영자 자리에 오른 아시아계는 거의 모두 인도인이었다. 게다가 의료 산업, IT 산업, 수학, 교육 분야 등에서 두각을 나타내며 말 그대로 꽉 잡고 있다. 미국 경제와 사회를 관심 있게 지켜본 사람이라면 누구나 이 점에 동의할 것이다.

어느 병원을 가도 인도인 의사가 없는 곳이 없으며, 특히 IT 분야에서 인도인 전문가의 비중은 상상을 초월할 정도다. 업계에 미국인보다 인도인이 수적으로 훨씬 더 많으며 영향력 면에서도 장악하고 있다. 인도인이 세계무대에서 활약하는 데는 그 배경이 있다. 우선 그들은 힌두어와 영어를 공용어로 사용하고 있으므로 언어적으로 강점이 된다. 또한, 서구적인 마인드와 적극적인 성향이 리더로서의 이미지를 만들어 준다.

인도인 다음으로 주목할 대상은 중국인이라고 할 수 있다. 중국인은 여러모로 한국인보다 앞선 상태다. 일단 인구 규모가 어마어마하며 인도인과 마찬가지로 국민성과 스타일이 세계무대에서 주목받을 수 있는 성향을 지녔다. 그들의 당당하고 과감한 성향은 세계무대에서 그들 자신을 효과적으로 드러낸다.

한국 유학생들에게 늘 강조하는 말이 있다. 국제사회에서는 뻔뻔함이 필요하다는 것이다. 그래서 뻔뻔해지라고 조언해 준다. 특히 미국에서 취업하여 사회인으로 자리 잡기 위해서는 필수적인 덕목이다.

채용 인터뷰를 할 때도 한국 젊은이들은 너무 겸손하다. 면접관이 "이러이러한 일을 할 수 있습니까?" 하고 물으면, 미국인이나 인도인이나 중국인은 모두 자신 있게 "할 수 있다"고 대답한다. 해보지 않은 일이라도 배짱 있게 할 수 있다고 말한다. 한국 문화는 이것을 허풍이라고 볼지 몰라도 미국 문화는 이것을 자신감으로 받아들인다. 같은 질문에 대해 한국인은 전혀 다른 답을 한다. "부족하더라도 열심히 하겠다"라고 말하는 것이다. 이런 식으로 대답하면 영락없이 낙방이다.

미국에서는 무엇보다도 자신감을 가장 중요하게 보기 때문에 한국인의 겸손을 알아보지 못한다. 오히려 오해하고 평가절하한다. 한국 젊은이 중에는 성실한 노력형 인재가 많다. 똑같은 일을 줬을 때, 미국인이나 인도인보다 훨씬 더 좋은 결과물을 낼 수 있음에도 불구하고 면접에서 겸손하게 대답하다가 일을 그르치니 안타까울 따름이다.

그러나 최근에 케이팝이나 드라마의 인기로 한국의 이미지가 많이 좋아졌다. 미국 사회에서 한국인 인재는 기본적으로 똑똑하고 열심히 한다는 긍정적인 이미지가 형성되고 있다. 앞으로 내가 할 일은 한국의 인재들을 세계무대에 최대한 많이 진출하도록 이끌고 도와주는 것이라고 생각한다.

무대에 익숙해져야 주인공이 될 수 있다

한국인보다 더 소극적인 성격을 가진 일본인은 어떨까? 세계 무대에서 그들의 적극성은 최하위권이라고 할 수 있다. 그들의 '끼리끼리 문화'는 어느 민족보다도 유난하다. 자기들끼리 어울리고 자기들끼리 일하려고 한다. 여러 나라 사람들이 참여하는 대규모 행사에 참여하는 경우가 드물고 자기들 행사에 외부인을 초청하는 일도 드물다. 게다가 행사의 진행을 모두 일본어로 한다.

그러나 최근 일본이 조금씩 변화해 가고 있다. 실제로 얼마 후 있을 미국 내 아시아계 채용 박람회에 일본 기업도 참여하기로 했다. 그동안 일본 기업들은 미국 지사에도 자국민만 채용해 왔는데, 채용 박람회에 참여한다는 것만으로도 의미가 매우 크다. 아시아 최고를 자랑하던 경제 대국 일본이 지난 10여 년간 한국과 중국에 밀리자 경쟁력 강화를 위해 세계무대의 변화에 발맞춰 나가기 시작했다는 증거다.

나는 미국 뉴욕을 비롯한 세계 여러 대학의 MBA 행사에 자주 초청받는다. 행사의 주최자가 다양한 만큼 각기 개성이 뚜렷하다. 그중에서도 아시아계 학생들이 주최한 행사를 보고 느낀 점이 있다. 인도계 학생들이 주최하는 행사가 가장 완성도가 높다. 최고급 수준의 행사장에 초청 연사들의 수준이나 진행 방식까지 모든 것이 학생의 솜씨 같지 않고 세계적인 기업 행사에 온 것 같은 착각이 들 정도다.

그에 비해 중국계 학생들이 주최하는 행사는 대학 1~2학년 새내기들이 전문가를 흉내 내는 수준에 머문다. 그런데 안타깝게도 한국계 학생들의 기획과 진행 수준은 그보다 조금 더 떨어져서 10대 고등학생들의 행사 같은 느낌이다.

학업에서 뛰어난 성적을 거두는 한국계 학생들이 주최하는 행사인데 왜 이렇게 수준이 낮을까 하는 의문이 들었다. 생각해 보니 경험 부족이 원인인 것 같다. 이러한 이벤트에 노출될 기회가 적거나 심지어 본 적도 없는 학생이 많다.

실제로 학교 및 재계 행사에 학생들을 초청해도 한국계 학생들은 별로 보이지 않는다. 아시아인을 채용하기 위한 세계적인 기업들의 중요 행사에서도 한국 학생들의 참여는 눈에 띄게 저조하다. 심지어 한국인이 기획하여 주최하는 행사에도 정작 한국계 학생들은 모습을 비추지 않는다. 미주 신문과 방송이 대대적으로 홍보하는데도 말이다. 오히려 필리핀, 태국, 베트남 등 동남 아시아인들이 더 많이 참석한다.

하우스 파티나 교회 행사에 참여한 경험밖에 없는데 어떻게 참신한 행사를 주최할 수 있겠는가? 전문 학회 같은 외부 행사에 적극적으로 참여하여 경험해 봐야 아이디어를 얻을 수 있는 것은 당연한 이치다. 본 것이 없는데 무엇을 바탕으로 기획하겠는가 말이다. 다양하게 접하고 부딪쳐 경험해 보는 것이 다 미래를 위한 자산이 된다.

재미 교포 2, 3세를 포함한 한국계 학생들은 좋게 말하면 겸손하고 조용하다. 그러나 나쁘게 말하면 자신감이 부족해 보인다. 그래서인지 자기들끼리 어울려 다니며 우물 안 개구리처럼 행동하곤 한다.

미국에서 아시아 인재라고 하면 제일 먼저 떠오르는 것은 인도인이고 그다음이 중국인이다. 경제 규모로 따지자면 중국을 첫째로 꼽지만, 인도계 인재들의 활약이 만만치 않다. 인도가 아직 선진국 대열에 들지 못한 것은 사실이다. 그러나 다양한 분야에서 두각을 나타내는 수많은 인재를 보유한 '인재 부국'인 것만은 확실하다.

사실상 미국의 아시아계 인구 비율을 보면 인도인보다 중국인이나 한국인의 수가 훨씬 더 많다. 그런데도 인도계가 유독 두각을 나타내는 이유는 무엇일까? 우선, 그들은 아시아인 특유의 근면 성실한 성격을 가진 데다 영어에 능통하고, 사고방식이 동양보다는 서양에 더 가까운 특이한 민족이다. 많은 이들이 그들이 영미권 국가에서 많은 리더를 배출한 것은 영어 덕분이라고 생각한다. 그러나 이유는 그것이 다가 아니다.

그들에게는 다른 아시아계 민족이 가지지 않은 소프트스킬이 있기 때문이다. 소프트스킬은 세계무대에서 매우 유용한 기술이다. 이것에 관한 자세한 설명은 이 책의 Part 3을 참고하라. 인도계 인재들의 공통 이미지가 있다. 그들은 늘 자신감이 넘치며 재치가 있고, 적극적으로 의견을 제시한다. 한마디로 행동이나 말투가 영미권에서 이상적으로 여기는 리더의 모습 그대로다.

미국 뉴햄프셔대학교(University of New Hampshire)가 경영자의 리더십 특성을 비교한 최근 조사에 따르면, 각 부문에서 가장 높은 순위를 기록한 것은 인도계 리더들이었다. 그들은 미래지향적이며 겸손하면서도 전문가적인 의사를 전달하는 데 능숙하다고 평가되었다. 이러한 리더는 흔들림 없이 업무를 추진하며 놀라운 성과를 냄으로써 뛰어난 조직을 구축할 수 있다고 한다.

인도인들은 자녀가 어릴 때부터 각종 행사와 다양한 이벤트에 데리고 다닌다. 세계무대에서 모임의 중요성을 터득했기 때문인지 따로 초대하지 않아도 어떻게 알고 찾아와 행사장을 가득 채우곤 한다. 고기도 먹어 본 사람이 그 맛을 안다고, 많이 돌아다니며 본 만큼 그들의 세계가 넓어지는 것은 당연한 것 아니겠는가?

말의 질뿐 아니라 양도 중요하다

대학 시절에 나는 수업을 열심히 듣고 늘 All-A의 성적을 유지하는 모범생 중의 모범생이었다. 그런데 마케팅 성적이 B-가 나온 것이다. 당연히 점수가 잘못 나온 줄 알고 시정을 요구하러 담당 교수를 찾아갔다. 교수가 "네 성적은 정확히 채점한 결과"라고 차분한 음성으로 대답했다. '그럴 리가 없는데….' 몹시 당황스러웠다.

알고 보니 참여도가 성적의 50%나 반영되는 수업이었다. 당시 내가 보기엔 수업 시간에 미국 학생들은 말만 많고 대부분 실없는 소리만 하는 것 같았다. 그들은 정말 말도 안 되는 질문을 할 때가 많았다. 한국에서는 십중팔구 무슨 저런 쓸데없는 질문을 하느냐며 무안을 줄 만한 질문들이었다.

그런데 이해할 수 없는 것은, 교수들이 그 엉뚱한 질문들을 마치 인류 최대의 질문이라도 되는 듯 사뭇 진지한 표정으로 "흠, 그렇군. 정말 흥미로운 관점이야"라고 받아 주며 되묻기까지 했다는 것이다. 미국인 교수들이 인내심이 대단한 사람들로 보였고, 미국 친구들은 가히 똑똑해 보이지 않았다. 바보 같은 질문과 답이 오가는 수업 시간이 아깝기만 했다.

나는 차라리 강의를 집중해서 듣고 가끔가다 한두 번씩 촌철살인 같은 질문을 하는 편이 낫다고 생각했다. 그런데 아무리 수업 준비를 잘해 가고 때때로 논점이 뚜렷한 질문을 해도 성적이 생각만큼 나오지 않는 과목들이 있었다.

그때 깨달은 것은, 미국에서는 질문의 질뿐 아니라 양도 중요시한다는 것이었다. 질문의 논점이나 중요도는 차치하고, 질문을 많이 하면 할수록 수업에 적극적으로 참여한다는 인상을 주므로 곧바로 좋은 성적으로 이어지는 것이다. 무조건 질문을 많이 한다고 해서 성적이 잘 나오는 건 불합리하다는 생각은 지금도 변함이 없다.

하지만 더 중요한 것은 그다음 일이었다. 대학 졸업 후에야 깨달은 것은, 이해할 수 없었던 미국식 수업이 사회생활의 축소판이었다는 것이다. 나와 다른 관점과 사고방식을 가진 사람들로 가득 찬 세상에서 나는 강의실에서 겪었던 것과 같은 당혹스러운 순간을 수도 없이 마주쳐야 했다.

한국인은 점잖고 겸손하다. 다른 사람에게 폐 끼치는 것을 꺼리며 누군가에게 묻거나 부탁하는 것을 힘들어한다. 사려 깊은 나머지 행동하기 전에 생각이 많고, 자신의 행동이 타인에게 실례가 될까 봐 조심스러워 한다. 한마디로 양반 같다.

그런데 미국인들은 그런 양반 문화를 이해하지 못한다. 오히려 생각보다 행동이 앞선 사람이 성공할 확률이 더 높다. 어쩌면 이것이 바로 적극적이며 화통한 성격의 인도인이나 중국인이 미국에서 우리보다 더 빨리 더 크게 성공하는 이유인지도 모른다. 미국에서는 말의 질 못지않게 양도 매우 중요하다. 실제로 말을 많이 하다 보면 가끔 좋은 아이디어가 나오기 마련이다.

업무 회의에 참석해 보면 한국계 직원들은 말을 많이 안 한다. 단순히 말하기 싫어서가 아니라 쓸데없는 말을 하지 않으려고 스스로 검열하며 요점만 말하려고 하다 보니 생각이 너무 많아져서 말할 시점을 놓치는 것이다. 언제 끼어들어야 할지에 대한 감이 없어서다. 하지만 사실 완벽한 타이밍이란 따로 없다. 그저 수

시로 끼어들어야 한다. 그래서 평소에 말을 많이 하는 연습을 해야 한다.

미국에서는 어떤 사람이 승진에 성공할까? 회의 때 말을 많이 하며 주도하는 사람이 성공할 가능성이 크다. 여러 직원을 관리하는 매니저로서는 회의를 주도하며 적극적으로 의견을 피력하는 사람이 가장 기억에 남을 것이다. 아쉽게도 아시아계 직원이 주도하는 일은 거의 없다.

평소에 맡은 일을 성실하게 하며 좋은 결과를 내는 직원이라도 회의 시간에 말이 없는 사람이라면 리더감이 아니라고 판단해 버린다. 게다가 소심하여 존재감을 드러내지 못한 직원을 승진시키면 말이 많고 기가 센 직원들이 이의를 제기하며 잡음을 낼 수도 있다. 골치 아픈 일을 만드느니 실력이나 실적 면에서 큰 차이가 없다면 '요란한 소리를 내는 빈 깡통'을 승진시키는 편이 낫다고 여긴다.

조용하고 말수가 적은 아시아계 직원은 승진에 누락되어도 웬만해서는 잡음을 내지 않으므로 결과적으로 밀리게 된다. 능력 있고 성실한 직원이 이런 대우를 받는다면 얼마나 억울한가.

그래서 나는 미국에서 직장생활을 하는 한국인들에게 이렇게 조언해 주곤 한다. 평소 부드럽고 겸손한 태도를 유지하되 이따금 지독하고 날카로운 면을 보여 주라는 것이다. 늘 불평불만이 많은 사람보다 말없이 조용하던 사람이 불같이 화를 내면 그게 더 무서운 법이다. 늘 좋은 게 좋은 것이라고 웃으며 넘기지만 말고 필요할 때는 성깔을 보여 줘야 한다. 그래야 무시당하지 않는다. 동료에게든 상사에게든 마찬가지다. 쉽게 말해서 미국에서 성공하려면 얼굴이 두꺼워져야 한다. 그리고 너무 많은 생각을 하지 말고 대책 없이 부딪쳐 보는 자세도 필요하다.

2

한국식 사고방식, 걸림돌을 제거하라

건강한 마음가짐이 필요하다

해외 취업에 관심 있는 학생이라면 막연히 학교나 정부의 프로그램을 기대해서는 안 된다. 매우 위험한 생각이기 때문이다. 실제로 한국 정부 기관이나 학교에 관련 전문가가 전무한 상태다. 그뿐 아니라 해외취업은 정부가 나서서 할 일이 아니기도 하다. 현재 미국에서 진행되고 있는 대한민국 정부 프로그램이나 한국 측 대학교 프로그램을 보면 비효율적인 내용이 많아서 안타까울 때가 한두 번이 아니다. 모든 것은 개개인의 노력 여하에 달려 있으므로 본인 스스로 직접 개척해 나가야 한다.

한국 학생들이 구직 활동을 할 때 자기 자신을 낮게 평가하는 경우가 많다. 마치 선택권이 전혀 없는 사람처럼 행동하고 말한다. 한국은 회사와 취업 희망자가 완벽한 갑과 을의 관계이기 때문일 것이다. 그러나 미국은 그렇지 않다. 회사와 사원의 관계를 파트너십으로 보기 때문에 동등하다고 할 수 있다. 그러므로 을의 자세로 지나치게 몸을 낮출 필요가 없다.

사실 미국에서도 회사가 갑이긴 하다. 하지만 회사가 채용하기로 결정해도 지원자의 30%는 거절한다고 한다. 그렇기 때문에 채용 담당자들은 지원자들을 을로만 보지 않는다. 말단 직원을 뽑더라도 그에 맞는 대우를 해 준다.

그렇기 때문에 회사와 인터뷰할 때 "나는 오라는 회사가 많고, 대단한 실력을 갖춘 인재이니 나를 채용하면 귀사가 횡재하는 겁니다" 정도의 마음가짐을 갖는 것이 저자세로 나가는 것보다 좋은 결과를 얻을 확률이 훨씬 더 높다.

또 한국인 중에는 "나는 반드시 성공해야 한다" 또는 "일을 완벽하게 해내서 나의 존재감과 가치를 증명해야 한다"는 강박관념에 사로잡힌 사람이 많다. 아마도 한국 사회가 경쟁이 심하다 보니 갖게 된 성향인 듯하다. 덕분에 좋은 결과를 이끌어 내기도 하지만 때로 너무 지나쳐서 인간미가 없어 보이는 단점이 있다.

미국에서는 그런 사람을 쫀쫀한(tight) 사람이라고 부르며 리더가 될 재목은 아니라고 생각한다. 위로 올라갈수록 책임이 커지고 압박감과 스트레스가 점점 더 심해지므로 쫀쫀한 사람은 버티기 힘들다고 보는 것이다. 여유롭고 이성적으로 생각하는 사람을 리더감으로 본다. 일을 열심히 하되 사생활도 균형 있게 누리는 것이 인간미를 잃지 않는 데 도움이 될 것이다.

팀플레이를 강조하는 미국 문화

미국 대학에서는 그룹 과제의 비중이 매우 크다. 처음에 나는 비즈니스 전공인데 그룹 과제에 왜 많은 에너지와 시간을 할애해야 하는지 이해가 안 된다고 불평하곤 했다. 하지만 졸업 후에 사회에 나와 보니 그룹 과제를 수행하는 과정에서 사회 경험을 미리 했다는 것을 알 수 있었다. 학교에서 사회생활을 위한 훈련을 미리 시켜 준 셈이다. 뒤늦게 감사한 마음이 들었다. 미국에서 공부하고 취업까지 계획하고 있다면 언젠가 팀플레이의 중요성을 깨닫는 때가 오리라는 것이다.

미국 문화는 지나칠 정도로 팀플레이를 강조한다. 구인 광고에서 "팀 플레이어(team player)를 원한다"는 구절을 심심찮게 발견할 것이다. 유명한 풋볼 선수나 농구 선수도 인터뷰 때 흔히 본인의 영광을 팀에 돌리고, 팀플레이의 승리를 강조한다. 학교에서도 사회에서도 팀플레이의 중요성이 지속해서 강조된다. 그러므로 채용 면접 때 팀 플레이어로서 자신의 역량을 증명할 인상적인 일화를 한두 가지쯤 준비해 두는 것이 좋다.

그런데 알다시피 미국은 지극히 개인주의적인 사회다. 사실 팀플레이와는 정반대의 성향을 가진 것이다. 오히려 한국이 팀플레이에 더 적합한 문화와 성향을 가지고 있다. "개인주의적인 사회에서 팀플레이를 강조한다"는 모순을 어떻게 설명할 수 있는가? 미국에서 말하는 팀플레이는 우리가 아는 것과 다른 의미이기 때문이다. 결론부터 말하자면, 미국 사회는 정반대의 얼굴을 동시에 지니고 있다. 겉으로는 팀워크를 강조하지만 알고 보면 개인주의적인 성향이 두드러진다.

　미국 학교나 기업에서는 대부분 과업이 팀 프로젝트로 주어진다. 많은 사람이 서로 조율하고 타협하는 과정을 통해 좋은 결과를 끌어내야 한다. 그런데 결과가 나오면, 팀원 사이에 기여도에 따라 순위를 매기는 과정이 반드시 있다. 학교에서는 기여도에 따라 점수를 부여하고, 회사에서는 기여도에 따라 보너스나 승진이 결정된다. 즉 한국과 같은 '공동 책임'의 개념이 없는 팀플레이인 것이다.

　대학 시절, 미국 문화에 적응하기 힘들었던 것 중 하나가 그룹 프레젠테이션 후 공동 점수 외에 팀원들의 기여도에 따라 순위를 매기도록 하여 차등 점수를 주는 것이었다. 나중에 보니 전혀 참여하지 않고 빈둥거렸던 친구가 스스로 가장 높은 점수를 매긴 것을 보고 황당해했던 기억이 있다. 다른 팀원들도 크게 다르지 않았다. 내가 보기엔 다들 자신을 과대평가하며 포장하는 듯했다.

　반면에 나는 프로젝트에 기여한 것이 다른 친구들에 비해 현저히 많았지만 차마 자신에게 최고점을 줄 수 없었다. 겸손이 미덕이라는 한국식 정서가 몸에 밴 탓이었다. 그러나 미국에서 오래 살다 보니 어느덧 나도 내가 제일 많이 기여했다고 적극적으로 주장할 수 있게 되었다.

우리와는 상반되는 문화

미국에서 생활하는 데 필요한 것은 영어만이 아니다. 미국 문화와 미국인의 성향에 대한 이해도 필수적이다. 이것은 생각보다 어렵고 많은 시간과 노력을 필요로 한다. 한국과 미국의 문화 차이를 순간순간 느끼게 될 것이다.

한국인에게 정(情)이란 모든 행동에 바탕이 되는 매우 친숙한 정서다. 나는 한국에서 15년, 미국에서 35년을 살았는데도 내겐 한국적 정서가 여전히 강하게 남아 있고, 무엇보다 한국인의 정이 좋다. 정이 많은 사람이 좋고, 나 자신도 정감 있는 사람이 되고 싶다.

국어사전은 정을 '느끼어 일어나는 마음, 사랑이나 친근감을 느끼는 마음'으로 정의한다. 그런데 미국인들은 정을 모른다. 정에 해당하는 영어 단어가 없다. 그와 같은 개념이 아예 없기 때문이다.

미국인들은 개인의 사적 공간과 사생활을 매우 중시한다. 서로의 영역을 침범하지 않으려는 경향이 강하다. 정말 친하다고 생각했던 사람들이 결정적인 순간에 마음 써서 돕지 않는다. 언제든지 "그건 네 문제야"(That's your business) 또는 "내 알 바 아니야"(That's not my business)라고 말할 수 있다. 꽤 친하다고 믿었던 사람들이 별것 아닌 일에 이렇게 나오면 순간 가슴이 철렁해진다.

또한, 미국인은 논리적이며 계산적이다. 거의 모든 인간관계에서 자신이 얻을 부분이 무엇인지 계산하는 것이 자연스럽다. 개인주의 문화이므로 누구보다 자신의 이익, 자신의 행복이 최우선인 것이다. 그러니 사람을 사귈 때도 무미건조하기 짝이 없다.

미국에서는 사람을 사귈 때도 자신의 가치를 적극적으로 내세워야 한다. 이것은 사회생활에서 살아남는 데 꼭 필요한 중요한 부분이다. 상사나 동료들과 어울릴 때도 자신의 가치를 뚜렷이 나타내고 좋게 포장하고 전달하는 기술이 있어야 한다.

회사에서는 사내 정치(office politics)에 익숙해질 필요가 있다. 한국식으로 말하자면 줄서기라고 할 수 있다. 시쳇말로 라인을 잘 타야 한다는 것이다. 한국에서도 누구 라인을 타느냐에 따라 회사생활이 편해지고 승진도 할 수 있다고 하지 않는가. 안타깝게도 미국의 사내 정치는 그보다 더 심하다.

대부분의 한국인은 회사에서 열심히 일하면 실력을 인정받아 연봉이 오르고 승진도 할 수 있으리라 생각하지만, 미국의 현실은 그렇지 않다. 입사 3~5년 차까지는 말없이 열심히 일하는 것으로 어느 정도 인정받을 수도 있지만, 부하 직원이 들어오기 시작하면 얘기가 달라진다. 처음엔 성공의 99%가 열심히 일하는 것이라면 5년 후에는 부하 직원을 잘 관리하는 능력이 훨씬 더 중요해진다. 따라서 미국에서는 열심히 하는 것 못지않게 요령 있게 잘하는 것이 훨씬 더 중요하다.

미국에서 경력을 쌓아 가는 데는 실력 외에도 필요한 중요 요소들이 많다. 일반사원이 아닌 매니저급이나 간부급으로 올라가는 데는 소프트스킬과 네트워킹 같은 리더십 자질이 요구되는데 이것은 학력이나 스펙이나 일의 능력과는 크게 상관없는 부분이라는 것을 기억해야 한다.

학벌이 좋고 스펙이 좋든지 성실히 일을 잘하든지 하면 사회에서 인정받고 성공할 것이라는 생각은 한국식 사고방식이다. 첫 취업에서는 통할지 몰라도 수십 년간 경력을 쌓아 가는 데는 이런 것들이 오히려 걸림돌이 될 수 있다.

한국 명문대 출신의 엘리트들이 미국에 와서 크게 성공하지 못하는 이유가 무엇인지 아는가? 한국에서는 묵묵히 일만 해도 실력이 있다면 인정과 존경을 받을 수 있는데, 미국에서는 스스로 떠들지 않으면 아무도 알아주지 않기 때문이다. 때로 목소리를 높여야(speak up) 무시당하지 않는다. 큰소리를 낼 줄 알아야 자기 밥그릇을 챙길 수 있는 곳이 미국이다.

한국에서는 "벼 이삭은 익을수록 고개를 숙인다"고 말하지만, 미국에서는 익을수록 고개를 들고 뽐내야 인정을 받을 수 있다. 우리와는 상반되는 문화다. 그러나 영 이해 못할 것은 아니다. "삐걱거리는 바퀴가 기름칠을 받는다"(Squeaky wheel gets the grease)라는 미국 속담이 있다. '시끄러운 바퀴가 기름칠을 받는다'는 뜻이다. 우리에게도 비슷한 속담이 있다. "우는 아이 젖 준다." 남의 나라에서 배곯지 않으려면 목청껏 울어야 한다.

3

당신만의 라임을 준비하라

비욘세와 사샤, 진오와 지노

세계적인 가수 비욘세(Beyonce)는 무대 위에서 언제나 자신감 넘치는 모습으로 어마어마한 에너지를 발산하는 슈퍼스타다. 그녀의 카리스마 넘치는 모습에 세계가 무릎을 꿇는다.

하지만 무대 아래서의 그녀 모습은 전혀 딴판인데 실제로는 매우 낯을 가리는 얌전하고 말수가 적은 조용한 성격이라고 한다. 그런 그녀가 무대 위에만 올라가면 완전히 다른 사람이 되는 것이다. 어떻게 이런 일이 가능할까?

그녀는 무대 위에 선 자신에게 사샤(Sasha)라는 이름을 지어주고, 자신의 또 다른 자아로 인정한다고 한다. 무대에서 내려오면 얌전하고 말이 없는 비욘세이지만 무대 위로 올라가면 폭발적인 슈퍼스타 사샤가 되어 팬들을 사로잡는 것이다. 비욘세보다 사샤의 존재감이 나날이 커지자 급기야 "격렬한, 맹렬한"이란 뜻의 피어스(Fierce)라는 성까지 만들어 "나는 사샤 피어스"(I Am…Sasha Fierce)라는 이름의 정규 앨범을 내기에 이르렀다.

나 또한 대학 시절에 발표와 토론에 대한 부담감에 짓눌려 고민하던 끝에 생각해 낸 방법이 있는데 비욘세와 방법이 비슷하다.

내 이름인 진오와 비슷하지만 나와는 성격이 완전히 다른 가상의 자아를 만들어 낸 것이다. 강의실에 들어갈 때마다 나는 말이 많고 유쾌하고 외향적인 성격의 이탈리아 남자 지노(Gino)가 되었다. 실제 내 성격은 둘째가라면 서러울 정도로 내성적이고 소극적인데, 이탈리아 남자 지노는 남의 눈을 의식하지 않는 털털한 성격에 머리보다 입이 앞서는 캐릭터다. 나는 대학 수업의 꽃이라고 할 수 있는 단체 토론의 공포를 지노와 함께 극복해 냈고 좋은 결과를 얻었다.

미국에 이민 온 후 첫 1년은 영어가 늘지 않아서 무척 답답했다. 그러나 돌이켜보면 미국에 온 지 4년 만에 대학 진학에 성공했으니 젊은 시절의 내가 스스로 대견하다. 그동안 미국 사회에 적응하느라 스스로 얼마나 노력했는지 모른다.

비즈니스 세계에서 모르는 사람에게 말을 걸기 힘든 이유는 그에게서 뭔가를 얻어 내야 한다고 생각하기 때문이다. 나도 그에게 뭔가 해 줄 수 있는 게 있다고 생각하면 한결 쉬워진다. 나는 그러한 생각으로 내 소극적인 성격을 극복해 왔다. 덕분에 언변이 화려하지는 않지만 설득력이 있다는 말을 많이 들었다.

거짓이 아닌 이상 자신이 진짜로 하고 싶은 것을 말하고 행동할 수 있다면 이 방법도 도움이 된다. 자신의 약점을 극복하는 데 도움이 될 것이다. 만일 자동차 판매 영업 사원이 성능이 좋지 않고 비싸기만 한 차를 팔아야 한다면 얼마나 심적으로 부담이 되겠는가? 그러나 본인이 봐도 정말 여러모로 뛰어난 자동차라면 어디서든 자신 있게 권하며 판매할 수 있을 것이다.

잘나가는 사람은 스포츠에 열광한다

30여 년간 헤드헌터로 일하면서 그야말로 별의별 사람들을 다 만나 봤다. 짧은 시간의 면접에서 상대방이 어떤 사람인지 읽고 파악해 내는 것이 내 일이다.

어느 날, 가까운 지인에게서 연락이 왔다. 아이비리그 로스쿨을 우수한 성적으로 졸업한 조카가 있는데, 수십 군데 면접을 봤는데도 취업을 못 하고 있다면서 그를 한번 만나 봐 달라고 간곡히 부탁했다.

이력서를 받아 보니 그는 한국에서 서울대 법대를 졸업하고 미국 최고 대학을 우수한 성적으로 졸업하였으며 무려 6개 주에서 변호사 시험에 합격한, 그야말로 모든 시험을 통과한 백전백승의 능력자였다. 워낙 보기 드문 이력서라 도대체 왜 그가 취업에 고배를 마시고 있는지 궁금해졌다.

드디어 서류로만 봐 온 그를 만났다. 만난 지 불과 몇 분 만에 그가 왜 그렇게 인상적인 학력을 가지고도 취업을 못 했는지 알 수 있었다. 무척 긴장했는지 악수할 때 머쓱한 얼굴로 쭈뼛쭈뼛한 눈치였다. 나와 눈도 제대로 맞추지 못했다. 굉장히 소심한 성격의 소유자였다. 자신감이라고는 전혀 없어 보였다.

또박또박 말하지 못하고 계속해서 말끝이 흐려졌다. 말하는 내용을 보니 이성적이지만 감성적인 면이 현저히 떨어졌고, 논리적이기는 한데 인간에 대한 이해가 전혀 없어 보였다. 면접에서 지원자가 보일 수 있는 안 좋은 면을 다 갖추고 있는, 말 그대로 총체적 난국 상태였다.

내가 호감을 느끼지 못하는 지원자를 기업들에 소개할 수는 없는 노릇이다. 할 수 없이 그에게 구직에 필요한 조언을 해 주는 정도에서 만남을 마무리해야 했다.

미국은 사회성과 성격을 매우 중시하는 문화의 나라다. 제아무리 최고 학력과 완벽한 스펙을 자랑해도 사회성이 결여되어 있다면 채용되기가 힘들다. 이력서로 첫 번째 문을 통과했더라도 지원자의 성격을 알아보는 면접이라는 두 번째 관문에서 당락이 결정된다.

반면에 스펙은 떨어지지만 성격이 좋아서 취업이 된 사례를 심심찮게 찾아볼 수 있다. 한국에서는 스펙이 중요하고 명문대 출신이 취업에 훨씬 유리한 것으로 알고 있다. 하지만 앞서 얘기했듯이 미국은 상위 1~2% 아이비리그와 하위 10% 학교들을 제외한 주립대, 시립대, 사립대학교 등은 수준이 거의 비슷하다고 할 수 있다. 세계적인 명문대가 아닌 이상 학교 이름이 큰 영향력을 발휘하지 못한다는 뜻이다. 그것보다 지원자의 전공과 학점, 대외 활동

그리고 인터뷰 때 보인 자세가 합격을 좌우한다고 할 수 있다.

학교 이름이 중요시되는 분야는 컨설팅과 투자 증권인데, 특히 투자증권 쪽이 유달리 많이 따진다. 이 분야는 워낙 전문성을 요하고 취업 문이 좁기 때문에 상위권 학교에서만 뽑아도 채용 인원이 충분히 가능하다. 또 커리어 성장이 빠르기 때문에 유명 대학교에서도 상위권의 학생들이 선호하는 분야이기 때문이다. 그외 대부분의 분야는 전공이나 과외 활동이 중요하며 남자라면 스포츠를 좋아하는 사람이 유리하다. 미국에서 성공하려면 스포츠를 좋아하고 잘 아는 것이 중요하다.

한국인 부모들은 아이비리그와 같은 일류 대학을 졸업하는 것이 성공의 지름길이라고 여기지만 현실은 그렇지가 않다. 오히려 적성에 상관없이 무조건 일류대에 진학한 경우에는 무사히 졸업하기도 힘들지만 졸업해서도 사회에서 잘해 나가리라는 보장이 없다. 아이비리그에서 한국계 학생들의 중퇴 비율이 높다는 사실을 간과해서는 안 된다.

나는 예전부터 자녀를 일류 대학에 보내기 위해 학원에 보내고 SAT(Scholastic Aptitude Test, 미국의 대학입학 자격시험) 과외 공부를 시키는 것보다 어릴 때부터 스포츠와 친해지는 것이 훨씬 더 효과적이라는 말을 해 왔다. 주말에는 실컷 놀게 하고 SAT 학원 대신에 농구 캠프를 보내는 것이 낫다고 말하니 많은 학부모들이 믿을 수 없다는 반응을 보이곤 했다.

하지만 이것은 헤드헌터로서 오랫동안 수많은 미국 기업을 접하고 인재들을 숱하게 만나면서 체득한 소중한 교훈이다. 이 조언을 귀담아들으면 훗날 학교나 직장에서 자신감을 느끼고 성공 대로를 걷는 데 도움이 될 것이라고 자신 있게 말할 수 있다.

미국에서는 의사소통을 중시하는 문화이니만큼 누가 이야깃거리를 많이 가지고 대화를 이끌어 나가는가가 리더십의 중요한 자질로 인식된다. 세계적인 대기업의 임원진과 만나는 자리에 가면 비즈니스 미팅 전에 짧은 시간이라도 여담을 나누게 된다. 그때마다 늘 주제는 스포츠다. 시즌에 따라 야구, 농구, 축구, 풋볼 얘기로 대화의 꽃을 피우는데, 누가 선수들을 더 많이 알고 속속들이 꿰고 있는지 경쟁이라도 하듯 분위기가 뜨겁다. 출전 선수는 물론 후보 선수들 이름까지 줄줄이 외는 임원도 있다.

이것은 남자뿐 아니라 여자들에게도 해당되는 얘기다. 최근엔 풋볼 게임에 여성 캐스터가 등장할 정도로 스포츠에 관한 관심은 남녀를 불문한다. 스포츠에 관한 관심과 지식은 일부러라도 갖추어 두는 것이 사회생활에 도움이 된다. 미국 문화에서 스포츠가 중요한 부분임은 틀림없기 때문이다.

미국에서 인정받는 인재의 조건

미국에서는 "일을 해내는 것"(Getting the job done)을 매우 중요하게 여긴다. 말 그대로 어떻게 해서라도 맡은 바 일을 끝까지 완수하는 능력이 필요하다는 것이다. 미국은 목표 중심(Goal oriented) 사회이기 때문에 어떠한 방법으로라도 처음 정한 목표를 성취하는 것이 중요하다.

그러므로 인재를 뽑을 때도 공동의 목표를 정확히 인식하고 방법을 가리지 않고 목표를 달성하는 인재를 최고의 인재라고 본다. 물론 합법적인 방법을 동원한다는 전제하에 그렇다는 얘기다. 결과 못지않게 과정도 중시하는 한국 문화와는 조금 다르다. 따라서 미국에서 인정받는 인재가 되기 위해서는 목표 중심이 되어야 한다.

미국 사회는 높은 위치에 올라갈수록 리더가 모든 책임을 짊어지는 문화다. "Buck stops here"(모든 책임은 내가 진다)는 해리 트루먼 대통령이 처음 썼던 문구로 오바마 대통령도 자주 언급하는 말이다. 이는 자기가 이끌어 가는 나라나 단체에서 크고 작은 사건이 생겼을 때, 근본적으로 모든 책임이 리더에게 있음을 인정하고 책임진다는 뜻이다.

따라서 미국에서 리더란 책임을 회피하지 않고, 앞에서 이끌 뿐 아니라 뒤에서 밀어주는 사람이라는 이미지가 강하다. 글로벌 기업에서 리더로 성장하려면 이러한 역할을 이해해야 한다.

또 미국에서는 자기 일에 대한 열정과 자부심을 느끼는 것을 매우 긍정적으로 보고 높은 점수를 준다. 미국은 모든 직업은 하나님이 부여하셨다는 소명 의식이 밑바탕에 있기 때문에 트럭 운전사나 환경미화원 등 소위 3D 직업군도 모두가 자기 일에 자부심을 느끼며, 직업의 귀천에 대한 생각이 유연한 편이다.

그러니 같은 직종에 지원한 지원자들이라면 학력보다 해당 분야에 대한 소명 의식과 열정을 보이는 인재들에게 더 좋은 기회가 주어진다.

그렇기 때문에 면접 시 "당신은 왜 우리 회사에 들어오고 싶은가?"에 대한 대답이 무척 중요하다. 지원한 회사에 대한 열정과 의지를 보이며 충분히 어필하면 결정적인 순간에 당락 결정에 힘을 발휘할 것이다.

한국인만의 강점이 있다

미국에서 한국인들은 근면·성실함으로 높이 평가받는다. 기본적으로 개인주의가 만연한 미국 사회에서 흔히 볼 수 없는 애사심이 한국인에게 있다.

미국인은 자기가 받는 월급만큼만 일하려는 경향이 있다. 그러니 패스트푸드점 점원들에게서 책임감이나 애사심을 기대할 수 없고 그것을 당연하게 여긴다. 돈 받는 만큼만 일한다는 마인드가 강한 사회가 미국이다.

그러나 한국인은 아무리 사소한 업무라도 책임감을 가지고 성실하게 수행하는 특유의 근면성이 있다. 서양 문화에서는 흔히 볼 수 없는 귀한 성향이다. 개인을 넘어 우리 회사라는 마음가짐으로 업무에 임하는 직원이 상사의 눈에 드는 것은 당연한 결과일 것이다.

한국인의 또 다른 강점은 경쟁에 강하다는 것이다. 한국은 뉴욕 주보다도 면적이 작은 나라다. 그 작은 나라가 세계에서 인정받는 인재들을 키워 내고 세계가 사랑하는 브랜드들을 만들어 내니 얼마나 기적 같은 일인가?

또 유치원 때부터 경쟁에 돌입하는 사회여서 그런지 한국인들은 같은 업무라도 경쟁에 들어가면 전투력을 발휘하여 뛰어난 결과를 끌어낸다.

미국 사회는 중압감을 가지고 업무를 수행하는 능력을 중요시하고 매우 높게 평가한다. 영어로 표현하면, "Work well under pressure"인데 구인 광고마다 쓰여 있을 정도로 중요한 능력이다.

일본인은 눈치를 많이 보고 소심하며 모험심이 부족하다는 평을 듣는 반면, 한국인은 일본인이나 중국인, 심지어 인도인보다도 이 분야에서 두각을 나타낸다.

또한, 일하는 데 있어서 한국인은 특유의 융통성을 발휘하여 좋은 결과를 냄으로써 주변에서 인정받는 경우가 많다. 같은 업무가 주어졌을 때 기존 방식이 아닌 새로운 방식으로 접근하기도 하고, 업무 중 생기는 돌발 상황이나 업무 이외 일에 대해서도 순발

력 있게 대처하며 주어진 업무 이상을 맡아 끝까지 책임감 있게
마무리 짓곤 한다. 사실 개인주의가 강한 미국인들은 입사 때 약
속한 업무 이외의 일은 꺼리는 경향이 강하다. 하지만 한국인들은
그렇지 않다. 이는 아시아 어느 국가 출신에게도 없는 한국인 특
유의 책임감과 충성심으로, 미국 회사 중역들이 특별히 높이 사는
한국인 특유의 성향이라고 할 수 있다.

PART

3

Go

출발

Chapter 5

스펙보다
열정적인 근성이 중요하다

이제 실전이다! 이력서부터 연봉 협상까지

1

당신을 세상에 알릴 때다

넓게 멀리 내다보고 가능한 한 많이 보내라

미국의 입사 지원 방법이 크게 달라지고 있다. 예전에 일자리를 찾을 때 가장 많이 찾던 것이 〈뉴욕타임스〉 일요일판의 구인·구직 코너였다. 그 후 인터넷의 발전과 함께 미국에서는 몬스터닷컴(www.monster.com)이나 한국에서는 잡코리아(www.jobkorea.co.kr) 같은 구인·구직 웹사이트가 생겨나면서 신문을 뒤적이던 문화가 사라지기 시작했다. 최근에는 취업 사이트의 종류가 많아짐에 따라 구직 방법도 다양해졌다.

취업을 위해서는 어느 한 가지 방법만 고집할 것이 아니라 가능한 한 모든 옵션을 다 활용해야 한다. 큰 물고기를 낚겠다면서 낚싯대 하나만 드리우고 한없이 기다리는 사람들이 많다. 대어 한마리가 찾아와 물기만 기다릴 게 아니라 자잘한 낚싯대를 수십 개 걸쳐 놓아야 한다. 크기에 상관없이 아무 물고기라도 일단 걸려들게 하기 위해서다. 낚싯대 수십 개를 가지고도 모자랄 수 있다. 더나아가 그물을 들고 직접 잡으러 들어가야 한다. 그렇게 할 수 있는 모든 것을 시도해 보는 것이 취업 준비생으로서 바람직한 모습이 아닌가 생각한다.

이런 자세는 한국에서나 미국에서나 마찬가지로 필요하다. 구직 웹사이트에 이력서를 올리는 것은 기본이다. 한 군데 올리는 데 십여 분밖에 걸리지 않으므로 안 할 이유가 없다. 여러 군데에 이력서를 올렸더라도 안심해서는 안 된다. 누구나가 기본적으로 하는 일이기 때문이다. 백 군데 정도 지원해서 두세 군데에서 면접 연락이 온다면 꽤 성공적이라고 할 수 있다.

요즘은 자사 홈페이지를 통해 이력서를 받는 시스템을 갖춘 회사가 많다. 그러니 자기 전공에 맞고 관심이 있는 분야의 회사를 조사하여 회사의 규모에 상관없이 웹사이트의 구인 등록 코너(Careers)에 가입하여 이력서를 올리는 것이 좋다. 직원 모집 기간이 아니어도 등록해 두는 것이 좋다. 당장은 일자리가 없더라도 일단 웹사이트에 이력서를 제출해 두면 데이터베이스에 보관되므로 나중에라도 연락이 올 수 있다.

외국인으로서 온라인으로 지원할 때는 보통 신분상 미국에서 합법적으로 일할 수 있는지를 묻는다. 여기서 많은 사람이 절망하고 지레 포기하곤 한다. 그러나 포기할 필요가 없다. 일단 지원하여 진술하게 답변하라. 회사의 데이터베이스에 자신의 정보를 입력해 두는 것이 목표이기 때문이다. 가능성의 씨앗을 심어 두는 것이다.

보통 대기업들은 외국인을 채용한 경험이 많으므로 비자 스폰서십에 대한 지식이 있고 채용과 관련한 세밀한 체계를 갖추고 있다. 그러나 규모가 작은 회사들은 외국인 직원을 고용한 경험이 많지 않으므로 비자 스폰서십에 대해 잘 모르는 대신에 채용에 유연한 편이다. 그래서 오히려 대기업보다 작은 회사에서 비자 스폰서십을 받기가 더 쉬울 수 있다.

비자 스폰서십 문제는 회사에서 묻기 전에는 지원자가 먼저 말할 필요가 없다. 아니, 절대 먼저 말하지 말라고 권유하는 바다. 비자 스폰서십에 관해 별다른 언급이 없으면 없는 대로 지원 절차를 계속 밟는 것이 좋다.

그러다가 비자 스폰서십이 필요한 시점이 되면 인사 담당자가 이에 관한 지식을 갖고 있지 않을 땐 서류 몇 장만 사인해 주면 될 만큼 절차가 간단하다고만 말하고 넘어간다. 이때 정부, 변호사, 세금 등 구구절절 자세하게 설명하면 회사 측에서 채용에 부담을 느끼게 되기 때문이다. 실제로 비자 스폰서를 위해 회사 측은 몇 가지 서류에 사인해 주는 정도만 해도 되므로 나머지 절차는 회사에 부담을 주지 말고 본인이 맡아서 처리하면 된다.

스폰서십을 진행하는 데 드는 비용은 변호사 비용과 정부에 내는 등록비 등 두 가지다. 비용은 사실 회사에서 100% 부담해야 하지만 원활한 취업을 위해서 지원자 본인이 적극적으로 나서서 조율할 수도 있다. 대개 지원자와 회사가 절반씩 부담하거나 지원자가 100% 부담하기도 한다. 정부에 내는 등록비는 1천불가량이며 변호사 비용은 평균 2천~4천불 선으로 다양하다.

미국에서는 외국인 직원에게 회사가 취업 비자를 보증하고 지원하는 일이 흔하며 합법적인 일이니 움츠러들 필요가 없다. 혹시라도 회사 측에서 이를 미리 언급하지 않았다는 것을 문제 삼는다면 도리어 정부의 합법적인 장치를 왜 문제 삼는지 따져 물어도 된다. 법에 근거하여 뻔뻔하다고 생각될 정도로 자신 있게 말해도 된다.

정식으로 지원 절차에 들어가기 전에 비자 스폰서십에 대해 굳이 말할 필요가 없다고 한 이유는 스폰서십에 대해 사전 지식이 없는 회사에 마치 "나는 비자 스폰서십이 필요한 외국인이니 복잡한 서류와 몇천 불이나 되는 비용을 대 주어야 해요. 그러니 나를 채용할 생각은 하지도 마세요" 하고 말하는 것이나 다름없기 때문이다. 채용이 결정되기도 전에 긁어 부스럼을 만들 필요가 없다.

빌 게이츠, 마크 저커버그 등 인터넷, 컴퓨터 기반 산업 분야의 거물들은 재능 있는 해외 인재들에게 취업 비자를 스폰서하는 것을 적극적으로 지지한다. 그러므로 해외취업을 준비하는 자신을 글로벌 인재로 여겨야 한다. 마음먹기에 따라 취업을 위한 절차가 쉬워 보이기도 하고 절망적으로 보이기도 할 것이다.

"나는 내 분야에서 최고가 될 가능성이 있고, 세계적인 기준에 걸맞은 최고의 인재다. 나의 감각과 재능이 귀사에 큰 이익을 가져다줄 것이다."

이렇듯 자신을 굳게 믿고 당당하게 맞서야 한다. 특히 미국에서는 이런 태도로 접근해야만 성공 가능성이 더 커진다. 당신의 자신감을 채용 담당자도 느끼게 될 것이기 때문이다.

구인 기간이 아니어도 회사마다 이력서를 제출해 둘 필요가 있다고 말한 바 있다. 본인이 원하는 꿈의 회사라면 더더욱 그래야 한다.

한 가지 예를 들자면, 앞서 미국에서 일하기 좋은 회사로 꼽았던 온라인 신발 쇼핑몰 자포스는 2015년부터 구인 광고를 일절 하지 않기로 유명하다. 회사 홈페이지에 직원 채용 공고를 올리지도 않는다. 그 대신 자포스에서 일하고 싶은 사람은 누구나 홈페이지에 이력서를 등록할 수 있다. 인재들이 본인의 정보를 등록해 두면 언젠가 그의 경력과 관심에 맞는 일자리가 났을 때 연락하여 면접을 보는 식으로 채용한다. 분야에 따라 배치된 인사 담당자가 접수된 이력서들을 관리한다. 당장은 내게 맞는 일자리가 없어도 인사 담당자와 계속해서 연락을 주고받으며 서로에 대해 알아가는 것이다. 그렇게 한번 등록함으로써 관계는 유지해 갈 수 있다.

만일 자포스의 규모가 점점 커져서 회사를 분리하거나 다른 회사를 인수한다면, 갑자기 공고를 내고 인재를 채용하는 것이 아니라 이미 갖추고 있는 인재 데이터베이스에서 채용할 사람을 고르는 것이다.

지금까지의 전통적인 채용 방식과는 다른 미래형 모델이지만 앞으로 많은 기업이 이 방법을 채택해 나갈 것으로 보인다. 그동안은 직원 한 명을 채용하기 위해 구인 광고를 올렸다가 수십 명 지원자 중에 한 사람을 뽑고 나머지 인재의 정보는 폐기되기 마련이었다. 그러나 탈락한 지원자들도 분명 훌륭한 인재들일 것이므로 정보를 제대로 관리한다면 추후 필요한 때에 어렵지 않게 채용할 수 있을 것이다. 회사에 적합한 인재들의 정보를 체계적으로 관리하면 지원자나 회사에 모두 이익이 될 수 있다.

미국은 인재 욕심이 유난히 많은 나라다. 기업 간의 경쟁이 상당히 치열하다. 인재전쟁(War of talent)이란 표현이 있을 정도다. 한국식 관점에서 보면 의아할 수 있는 일들을 미국 기업들이 한다.

예를 들어, 애플이나 구글 같은 세계적인 기업들이 인재를 찾아 세계를 돌아다닌다. 채용 박람회나 취업 콘퍼런스에 적극적으로 참여하며 인재 발굴에 정성을 기울이는 것이다. 한국에서는 대기업에서 공고만 하면 최고의 인재들이 줄을 서는데 말이다.

미국 기업들은 인재 영입에 들이는 노력이 기업의 브랜드 이미지에 긍정적인 영향을 미친다고 믿는다. 미국에서 직원이 500~5,000명 정도 되는 중기업은 셀 수 없이 많다. 해외취업에 성공하기에는 그보다 좀 더 작은 규모, 즉 직원이 200~500명쯤 되는 회사가 최적이다. 일단 수적으로 많아서 흔히 찾아볼 수 있으며 외국인 인재에 대한 선입견이 없어서 능력에 따른 채용이 가능한 유연성이 있기 때문이다.

대기업 선호는 한국식 고정관념에 불과하다는 것을 다시 한

번 강조한다. 그러니 미국에서 취업하려면 한국식 사고방식을 버리길 바란다.

콘퍼런스에서 기업 임원을 소탈하게 만나라

미국은 분야별로 대규모 회의(conference)나 설명회(fair)가 잘 발달한 사회다. 특히 구직 관련해서는 채용박람회, 즉 잡페어(job fair)를 활용하는 것이 중요하다. 많은 사람을 만나고 다양한 기업들을 접할 수 있는 최고의 기회이기 때문이다. 채용 콘퍼런스는 잡페어가 함께 진행되는 경우가 대부분이다. 콘퍼런스는 각 분야 전문가들이 연사로 참여하여 토론하는 행사다. 그런데 한국 기업들은 잡페어나 콘퍼런스에 초대해도 오지 않는다.

애플이나 구글이 콘퍼런스에 열의를 보이는 이유를 생각해봐야 한다. 단지 브랜드 인지도를 높이기 위해서 그렇게 미국 전역을 돌아다니겠는가. 그들은 직원을 채용할 때뿐 아니라 해고할 때도 많은 공을 들인다. 직원이 경험하고 평가하는 기업 이미지를 간과하지 않고 신경 쓴다. 미국 사회는 기업의 규모보다 일하기 좋은 기업이라는 평가를 더 중요하게 여긴다.

잡페어의 기업 부스에서 만나는 사람은 대부분 인사 담당자들이다. 외국인 신분으로 취업을 준비하는 우리로서는 그들과 미팅할 필요가 없다. 되레 만남을 피할 것을 권한다. 그들은 맡은 업무상 회사의 인사 방침을 따르는 것이 중요하므로 비자 스폰서십을 필요로 하는 외국인 지원자들에게 관심을 두지 않기 때문이다.

한국 학생들이 기업 부스에서 "외국인인데 스폰서십을 제공하나요?" 하고 묻는 경우가 많은데 참으로 순진한 질문이다. "내게 비자 스폰서십을 주려면 복잡한 서류 작성에 비용까지 대야 하니 나를 채용할 생각은 하지도 마세요"라고 말하는 것과 다를 바 없다. 사규를 엄격히 따라야 하는 인사 담당자들의 귀에는 더욱 그렇게 들릴 것이다.

단일 잡페어보다는 콘퍼런스와 잡페어가 함께 열리는 행사에 가는 것을 강력히 추천한다. 대개 인사 담당자들은 잡페어 부스에 나가 있고, 콘퍼런스에는 일반 부서의 임원들이 상당수 참가하기 때문이다. 스폰서를 찾고자 하는 사람이라면 더욱 추천하는 방법인데, 원하는 회사의 임원을 만나기에 콘퍼런스만큼 좋은 장소가 없다.

만일 회사를 찾아가 사무실에서 만난다면 이미 갑을관계가 설정된 상태에서 만나게 되므로 스스럼없이 자연스러운 대화를 나누기가 어렵다. 그러나 콘퍼런스에서는 아무리 고위직 임원이라도 그 자리에서만큼은 콘퍼런스 참석자의 신분으로 그들과 동등한 위치에서 만날 수 있다. 딱딱하지 않은 분위기에서 편안한 대화를 나눌 수 있다.

콘퍼런스에서 만나는 기업 참석자 대부분은 임원이나 대표

이사인데, 그들을 만나더라도 절대로 불편해하지 말고 편안하게 대화를 나누는 자세가 중요하다. 한국식 정서상 연장자나 지위가 높은 상대를 만나면 대하기 어려워하며 눈도 못 마주치는 경우가 많은데, 미국에서는 그런 태도가 오히려 도움이 안된다는 것을 기억해야 한다.

게다가 기업 콘퍼런스는 사회 환원의 개념으로 열리는 경우가 많다. 임원들이 만나는 젊은이들에게 필요한 조언을 주고 멘토링해 주려는 마음으로 참석하기 때문에 다른 어느 자리에서보다 훨씬 편안하게 대화를 나눌 수 있다. 그래서 많은 연사가 연설이 끝난 후에도 바로 돌아가지 않고 오히려 젊은이를 찾아다니며 적극적으로 이야기를 나눈다.

한국은 앞에서 이끄는 사람을 리더로 보지만 미국은 뒤에서 받쳐 주고 밀어주는 사람을 리더로 본다. 젊은이들과 소통하고 사회에 환원하는 리더를 최고의 리더로 꼽는 미국에서는 지위가 높은 사람이라고 해서 그를 어려워하지 않는 분위기다. 그러니 콘퍼런스에서 임원진을 만나는 기회를 놓치지 말고 잘 활용하여야 한다.

교내 취업지원센터를 100% 활용하라

최근 몇 년간 일 년에 두세 차례 한국을 방문하고 있다. 한국에 갈 때마다 각 대학의 취업지원센터 사람들을 만나곤 하는데,

그들의 부담감이 얼마나 큰지 바로바로 느껴진다. 졸업생의 취업률이 곧 대학 평가로 연결되기 때문이다. 취업난이 심해지면서 재학생과 졸업생을 지원하기 위해 아무리 노력을 기울여도 눈에 띄는 결과가 나오지 않으니 걱정이 많다. 한국의 대학교들이 대개 비슷한 사정일 것이다. 나는 그들에게 해외취업이 하나의 활로가 될 수 있다고 조언해 준다.

학기마다 한국의 대학 취업지원센터 담당자와 교수들이 단체로 뉴욕을 방문한다. 그러나 막상 현지에 와도 해외취업에 관한 제대로 된 정보를 얻기가 힘들고 취업이 가능한 회사를 찾기도 어렵다.

결국 현지 사설 영어 학원이나 유학원 등에 연결하여 무급 인턴십이라도 보내려고 시도하지만 현실적인 문제가 많다. 한국의 대학들은 대부분 여름방학에 어학연수 겸 인턴십을 할 수 있는 프로그램을 원하지만 현지에서는 수업의 질이 현저히 떨어지고 기업과의 연계가 불안정하기 때문에 꺼리는 것이다. 학교 측이 학생들을 위한 순수한 마음으로 많은 노력을 기울임에도 불구하고 결과가 좋지 않은 경우가 대부분이다.

미국의 대학들을 방문할 기회가 많다. 보통 학부생이나 MBA 학생들을 만나는데 학교 측의 특강 초청으로 가거나 학생 클럽 세미나에 초청되어 가곤 한다. 주로 대학 졸업 후 미국이나 해외에서 취업할 때 도움이 될 만한 내용으로 조언하고 질의와 응답 시간을 갖는다. 미국 대학의 아시아계 학생은 평균 30%를 웃도는데, 총 60만 명 정도 된다고 한다.

대도시의 큰 대학에서는 아시아계가 50%를 넘기도 하는데 이들이 졸업 후에 취업할 때 겪는 어려움의 대부분은 비자 문제다. 학생들이 취업을 많이 해야 학교의 명성도 높아질 텐데 엄격한 이민 방침 때문에 어려움을 겪는 것이다.

그런데 아시아계 학생의 비중이 높은데도 불구하고 학교의 취업 담당자 대부분이 백인이다. 아시아계 MBA 학생의 취업을 돕는 모임의 담당자도 백인이 많다. 자기 분야에서 아무리 오랜 경험을 쌓은 전문가라 할지라도 유학생의 사정과 아시아인의 성향과 문화에 대한 이해 없이 아시아계 학생들을 돕기란 쉽지 않은 일일 것이다.

그래서 대학을 방문할 때마다 취업지원센터에 아시아인 담당자를 고용하라고 조언하지만 크게 달라진 것은 없다. 대신에 나를 수시로 초빙하여 취업지원센터 직원들과 학생들을 상대로 교육하게 하고 있다.

미국과 유럽의 대학들은 취업지원센터뿐 아니라 학교에서 각 분야의 전문가를 초청하여 전 학생을 대상으로 교육하며 기업의 인사 담당자가 와서 취업 설명을 하게끔 운영하고 있다. 상담을 통해 작성한 이력서를 일일이 교정해 주는가 하면 학생들에게 면접 보는 연습을 시키고 각 회사에 맞는 취업 전략을 조언해 준다.

좋은 학교일수록 취업을 지원하는 직원의 수가 수십 명에 달하고, 취업지원센터의 영향력도 대단하다. 대학원은 물론 학부생도 교내 취업지원센터를 잘 활용하도록 장려한다. 미국에서는 인턴십도 2학년쯤부터 시작해야 하고, 마지막 두 학기는 취업과 관련된 이력서 및 온라인 포트폴리오 작성 수업을 필수로 이수해야 한다.

세계적으로 많은 대학이 교내 취업지원센터의 규모를 늘리고 있고, 졸업생들을 좋은 회사로 취업시키기 위해 최선의 방법을 강구하고 있다. 그러나 안타깝게도 한국은 다른 나라에 비해 취업지원센터의 인원, 정보력, 영향력 등 여러 가지 면에서 턱없이 부족한 편이다. 졸업생이 자력으로 취업에 성공하면 학교는 뒤늦게 그들을 성공 사례로 홍보하느라 바쁘다.

경우에 맞게 간결하게 또는 상세하게 소개하라

이력서의 역할은 일자리를 구해 주는 것이 아니라 면접의 기회를 잡아 주는 것이다. 한글 이력서와 영문 이력서는 쓰는 순서와 같은 형식이나 스타일이 서로 다르다. 영문 이력서는 생년월일을 적는 칸이 없고 증명사진을 붙이는 곳도 없다. 경력이든 학력이든 최근 사항이 제일 위에 쓰여야 한다. 그 외 개인적인 사항은 넣지 않는다. 가족 사항이나 출신지도 필요 없다.

미국 기업에서는 사람이 아닌 컴퓨터가 이력서를 검토할 가능성이 크다. 그러므로 컴퓨터에 적합한 이력서여야 한다는 점을 기억해야 한다. 글씨체나 미적인 것에 신경 쓰다가 되레 오류가 날 수 있으니 단순하고 일반적인 서체를 써야 한다. 경력이 3년 미만이면 1장을 넘지 않게 압축해서 써야 하고, 만일 5~10년 이상의 경력이라면 2장까지 괜찮지만 그 이상은 쓰지 않는 것이 좋다.

무엇보다 내용이 충실해야 하는데 키워드가 중요하다. 이력서의 키워드 칸은 자신을 설명하는 단어나 인사 담당자가 지원자에게서 원하는 단어를 넣는 곳이다. 이력서 수백 장 중에 담당자가 검색 키워드를 통해 몇 명을 걸러 내니 주의해서 써야 한다. 중요한 키워드가 빠져 있으면 담당자가 한 번도 보지 못할 가능성이 커지기 때문이다. 구인 광고에 업무 내용이 상세히 소개되곤 하는데 그것을 참고하여 키워드를 작성하면 도움이 된다.

한국과 달리 미국은 이력서에 있는 '경력 소개'(Job description)가 매우 중요하다. 최대한 꼼꼼하게, 이력마다 적어도 5~6줄은 써야 한다. 특히 정확한 수치를 쓰는 것이 좋은데 몇 개월간 몇 퍼센트의 세일즈 성과가 있었다는 식으로 쓰고 자기가 담당한 부분에 대해 자세하게 적어야 한다. 이때 행위 동사(action verb)를 많이 넣는 것이 좋다. 예를 들어, 자신이 '주도한' 프로젝트가 수상했다든지 자신이 '제안한' 결정이 성공적인 결과를 낳았다는 식으로 쓰는 것이다.

한국인은 이력서에 개인 정보를 이따금 실수로 넣기도 하는데 절대로 해서는 안 될 일이다. 개인 정보를 넣으면 법적인 문제 때문에 검토 중에 제외할 수도 있다. 경력이 많으면 경력을 먼저, 신입이면 학력을 먼저 쓴다(책 뒷부분의 부록 〈샘플 이력서〉를 참조하면 도움이 될 것이다).

커버레터(covering letter)는 이력서 앞에 넣는 한 장짜리 자기소개서로 예전에는 매우 중요했지만, 온라인 지원이 일반화된 요즘에는 그 중요성이 점점 줄어들고 있다. 사실 그 내용이 대동소이하므로 이력서만 확인하는 경우가 많아지는 추세다. 즉 컴퓨터 시스템으로 이력서만 검색하고 커버레터는 읽지 않는 것이다.

하지만 외국인 지원자는 예외적이다. 영어 실력을 확인하는 차원에서 특별히 커버레터를 읽기도 한다. 따라서 조심스럽게 작성해야 한다. 아무래도 현지인보다 불리한 조건이기 때문에 이를 만회할 기회가 될 수도 있는 커버레터를 신경 써서 작성할 필요가 있다. 되도록 짧고 간결하게 쓰되 자신만의 독특한 개성이 담긴 이야기를 넣는 것이 좋다. 일종의 브랜딩으로 생각하고 읽는 이의 흥미를 자극하는 내용을 쓰는 것이다. 이때 이력서 내용을 풀어서 커버레터에 쓰는 사람이 많은데 절대로 하지 말아야 할 행동이다. 이력서에 없는 내용을 보충 설명하듯 재미있게 쓰는 것이 좋다.

그런데 혼자 힘으로 쓰겠다고 콩글리시로 썼다가는 단번에 퇴짜 받을 수 있고, 반대로 문법적으로 지나치게 완벽하게 쓰면 누가 대필해 준 것은 아닌지 의심받을 수 있다. 영어가 모국어가 아닌 이상 외국인 지원자로서 가장 이상적인 작법은 자신의 실력보다 잘 쓰되 미국인 이상으로 완벽하게 쓰지는 않는 것이다. 한마디로 누가 써 주었다는 생각이 들지 않는 선에서 고급스러운 문체를 구사하는 것이 가장 알맞다. 인사 담당자가 비영어권 출신인지 아는데 문법적으로 너무나 완벽한 커버레터를 읽으면 오히려 지원자의 실력이 형편없어서 다른 사람이 써 주었을 것으로 생각할 수 있기 때문이다.

세상은 당신을 궁금해한다

진정 원하는 일을 하려면 지혜로워야 한다

헤드헌터는 고객인 기업을 위해 그들이 원하는 인재를 발굴해서 연결해 주는 일을 한다. 신입사원의 경우, 전문 분야의 전공이 필요할 때를 제외하고 일반적으로 성실한 태도를 지닌 똑똑하고 센스 있는 사람을 선호한다. 일반적으로 신입 사원의 채용을 헤드헌터에게 의뢰하는 경우는 많지 않고 주로 경력직이나 중견급 임원을 채용할 때 헤드헌터에게 의뢰한다. 즉 기업은 신입 사원과 경력직과 임원을 채용할 때 각각 다른 형태의 과정을 거친다고 할 수 있다.

어떤 면에서 보면 헤드헌터는 중매 서비스와도 비슷하다. 고객인 기업의 성향과 취향 및 원하는 인재상을 파악하여 정확하게 들어맞는 인재와 연결해 주는 일을 하기 때문이다. 그러므로 기업이 어떤 인재를 원하는지도 알아야 하지만 어떤 성향의 직원이 그 기업에서 실력 발휘를 할지 또한 잘 살펴야 한다. 기업과 인재 양쪽을 다 제대로 파악하는 것이 가장 중요하다고 하겠다.

수치상 성과를 높이기 위해 검증도 안 된 인재를 마구 취업시키는 경우가 있는데 헤드헌터로서 최악의 행태라고 생각한다. 그야말로 헤드헌팅 비즈니스가 망하는 지름길이다. 일반적인 헤드헌터의 인터뷰 시간은 30분 내외인데 나는 최소 한 시간 정도를 들여서 꼼꼼하게 면접을 보는 편이다. 기업 고객이나 인터뷰하는 인재들이나 모두에게 최대한 인간적인 관심을 보이며 진심으로 대하려 노력한다. 헤드헌터로서 보람을 느낄 때가 바로 인재와 기업 양쪽을 모두 만족시키는 것에서 나아가 누군가의 인생과 꿈에 긍정적인 변화를 주었을 때다.

어느 날, 아이비리그에서 의대를 졸업한 교포 남학생이 나를 찾아왔다. 그는 외모가 출중하고 눈빛이 살아 있어 아주 똑똑하고 야무진 인상을 주었다. 일류대 의대 출신이 찾아오는 일이 흔치 않아서 기억에 남는다.

어릴 때 미국에 이민 온 1.5세였는데 그의 부모는 여느 한국 부모들처럼 아들이 의대에 가는 게 평생소원이었다. 그는 열심히 공부해서 부모의 소원대로 일류대 의대에 입학하여 우수한 성적으로 졸업까지 했지만, 그때야 의대는 부모를 위해서 간 것일 뿐이고 자신의 꿈은 전혀 다른 데 있는 것을 깨달았다고 말했다.

그는 자신이 원하는 일을 하며 인생을 보내고 싶어 했다. 그의 꿈은 속칭 광고쟁이였다. 그래서 나를 찾아온 것이다. 늘 관심만 두고 있던 광고계에 취업하고 싶으니 조언을 해 달라고 했다. 나는 그의 꿈을 진심으로 돕고 싶었다. 결국, 그는 미국에서 손꼽히는 광고 에이전시에 성공적으로 취업했고 지금까지 자신의 분야에서 성공적으로 일하고 있다.

그와 반대되는 사례도 있었다. 일류대 경제학과 출신의 신용 분석가(credit analyst)가 있었다. 그녀는 졸업 후 5년 넘게 일하며 억대 연봉으로 남부럽지 않은 생활을 하고 있었지만, 매일 아침 눈을 뜰 때마다 일하러 갈 생각에 괴롭기만 했다고 한다. 적성에 맞지 않는 일을 하면서 느끼는 스트레스가 억대 연봉보다도 무거웠던 것이다.

그녀는 고등학교 때부터 그림 그리는 걸 좋아했고, 늘 패션디자인에 관심이 있었다. 뒤늦게 자신이 원하는 일을 하고 싶었다. 그런데 문제는 패션과 전혀 상관없는 분야에서 경력을 꽤 오래 쌓았다는 것이다. 한 분야에서 5년 이상 일하면 경력자로 불린다.

그녀는 지금까지의 경력을 무시하고 완전히 새로운 분야에서 밑바닥부터 다시 시작해야 했다. 게다가 고등학교 시절에 그린 포트폴리오로는 취업이 힘들고 패션디자인계의 초봉은 금융계와 비교할 수도 없을 만큼 박봉이었다. 디자인 회사가 그녀를 고용하기에는 위험 요소가 너무 많았다.

그녀는 연봉이 절반 이하로 깎여도 상관없고 말단 신입 사원으로 일할 의지가 있다고 했지만, 안타깝게도 이직에 성공하지 못했다. 몇 년 후 우연히 연락이 닿았는데 그때까지도 금융계에서 여전히 일하고 있었다. 어떤 꿈은 취미로만 남아야 할 때도 있다.

참고로 취미가 취업에 도움이 되기도 한다. 테니스나 독서 같은 평범한 취미는 별 의미가 없지만, 특이하고 흔치 않은 취미는 퍼스널 브랜딩에 도움이 된다.

예를 들어, '마술 대회 수상' 경력은 면접관의 관심을 끌기에 충분하다. 실제로 그런 인물을 면접한 적이 있는데 지금까지도 기억에 남는다. 그와의 면접을 끝낼 무렵에 어떤 마술을 할 수 있는지 보여 줄 수 있느냐고 물었다. 그는 카드 마술을 한다면서 미리 준비해 온 듯 양복 안주머니에서 카드를 꺼내더니 능숙한 솜씨로 마술을 보여 주었다. 수십 년간 수만 명을 면접해 본 나에게도 아주 특별한 경험이었다. 세월이 지나도 잊히지 않는 강한 인상을 남기는 취미는 그만의 독특한 브랜드가 될 수 있다.

특별한 취미가 있다면 이력서를 작성할 때 부각하는 것이 면접에 도움이 될 것이다. 없다면 지금부터 계발하는 것도 좋은 생각이다.

당신 인생에서 가장 큰 고난은 무엇이었습니까?

미국 기업에서 원하는 가장 일반적인 인재상은 똑똑하고 센스 있는 사람이다. 어느 날 갑자기 똑똑해질 수는 없지만, 똑똑해 보이도록 노력하는 것은 충분히 가능하다. 똑같은 말이라도 누가 어떻게 말하는가에 따라서 똑똑해 보이기도 하고 멍청해 보이기도 하지 않는가. 자신의 명석함을 드러낼 수 있도록 미리 준비하는 것이 필요하다. 특히 영어가 완벽하지 않은 상태라면 더욱더 철저히 준비해야 할 것이다.

미국에서는 좋은 인재를 판단할 때 질문에 얼마나 조리 있게 잘 대답하는지를 보는 경우가 많다. 이때 발음이나 문법은 전혀 상관이 없다. 고위직에 오른 외국인들을 봐도 발음이나 문법은 전혀 신경 쓰지 않고 말한다. 중요한 것은 질문에 맞게 조리 있고 간단명료하게 대답하는가이다.

질문에 관련 없는 답을 두서없이 늘어놓으면 영락없이 불합격으로 이어진다. 한국인이 특히 많이 하는 실수가 바로 이것이다. 질문에 답할 때 서론을 너무 길게 말하는 것이다. 미국 기업의 면접에서는 질문에 대해 우선 결론부터 명확하게 짧게 답하고, 보완하는 차원에서 한두 가지 예를 드는 방식으로 말해야 한다. 너무 장황하게 말하거나 포괄적으로 말하면 똑똑하지 않게 보이니 주의해야 한다.

효과적인 의사소통 능력은 상당히 중요하다. 지원자가 현명한지 우둔한지를 판단하는 잣대로까지 사용되기 때문이다. 그러므로 평소에 생각을 잘 정리해 두는 것이 좋다. 핵심을 짚어서 명료하게 대답할 수 있는 사람은 일도 그렇게 할 것으로 생각한다. 반대로 대답할 때 횡설수설하면 두서없이 게으르게 일할 것이라고 판단한다.

미국 기업의 면접에서 "당신의 커리어에 관한 계획은 무엇입니까?"라는 질문을 자주 듣게 될 것이다. 한국인의 대부분은 "좋은 회사에 들어가서 열심히 하겠다"는 식의 너무 일반적인 대답을 한다. 그러나 미국에서는 두루뭉술하게 말하면 계획성이 없고 열정이 없다고 판단하는 경향이 있다. 자기 생각을 구체적으로 말할 수 있어야 한다.

면접 볼 회사에 관해 미리 조사하고, 자기가 지원한 업무 분야에 대해서도 자세히 알고 면접에 임해야 한다. 그래야 질문에 답할 때 회사에서 원하는 바를 정확히 연결 지어 대답할 수 있다. 자신의 전공, 능력, 관심사가 모두 업무와 직접 연관되어 있음을 어필해야 한다. 자신의 커리어 계획이 귀사의 업무와 뚜렷하게 연관되어 있다고 납득시키는 것이 관건이다.

면접에서 흔하게 묻는 또 한 가지 질문이 "당신 인생에서 가장 큰 고난은 무엇이었습니까?"이다. 이 질문에서 면접을 망치는 사람이 뜻밖에 많다. 면접에 앞서 미리 준비해 두어야 한다. 그렇지 않으면 즉석에서 대답하기가 쉽지 않은 질문이기 때문이다.

자신이 어떤 고난을 겪었으며, 어떻게 긍정적인 방향으로 극복해 냈는지를 이야기하는 것이 핵심이다. 거창한 이야기보다 소소한 문제를 얘기하는 것이 오히려 더 인간적으로 들릴 수 있다. 물론 자신이 직접 겪은 일이어야 하며 믿음을 주는 이야기여야 한다. 반전의 결과가 있으면 더욱 좋다. 최근 일이 아니어도 된다. 고등학교, 대학교 때 이야기도 좋다. 외국인으로서 겪은 어려움이나 문화적, 언어적 차이로 인해 벌어졌던 이야기를 들려주는 것도 좋다. 미리 준비하되 외운 듯이 말하면 곤란하다. 최대한 자연스럽게 말해야 설득력이 있다.

30분에서 1시간가량 이어지는 면접 후에 지원자가 똑똑하고 능력 있고 성격이 진실하다고 평가를 받는 것도 중요하지만 면접관에게 인간적인 호감을 주었는가가 매우 중요하다. 면접관이 뽑아 주고 싶고 도와주고 싶을 만큼 친근하고 솔직하게 면접에 임하는 것이 좋다.

한국인은 처음 만나는 사람에게 스스럼없이 대하고 어울리는 사교성이 부족한 편인데 세계무대에서 성공하려면 사교성을 기르고 언변에 능할 필요가 있다.

온라인 면접에도 지혜가 필요하다

한국에서 해외취업이나 인턴십을 지원하는 사람은 스카이프(Skype)나 구글 행아웃(Google Hangout)으로 화상 면접을 보는 경우가 있을 것이다. 화상 면접이 느는 추세이지만 아직은 초기 단계여서 그런지 이런저런 실수들이 많이 발견된다.

흔히 하는 실수는, 보통 자기 집이나 기숙사에서 인터뷰를 하기 때문에 너무 편안한 자세로 면접에 임한다는 것이다. 나도 근래 스카이프를 이용한 화상 면접 기회가 늘고 있는데, 얼마 전에 지원자가 집에서 입는 트레이닝복이나 잠옷 차림으로 카메라 앞에 앉은 것을 보고 어이가 없었던 적이 있다. 아무리 온라인이지만 회사에서 면접을 보는 것이나 다름없다는 것을 잊어서는 안 된다. 설마 회사 면접장에 잠옷을 입고 나타날 사람이 있을까?

첫째, 신발을 제외한 상·하의는 면접에 적절한 차림으로 갖춰야 한다. 여자라면 메이크업을 하고, 남자라면 머리를 단정히 해야 한다. 지리적인 제약 때문에 화상 면접을 보는 것일 뿐 집에서 얼마나 편안한 모습으로 있는지 보기 위해 화상 면접을 보는 것이 아니라는 점을 염두에 두길 바란다.

둘째, 화면에 비치는 배경에 신경 써야 한다. 어떤 지원자는 등 뒤로 옷이 차고 넘쳐 문이 안 닫히는 옷장 등 정리가 안 된 지저분한 방을 그대로 노출하는가 하면, 어떤 지원자는 옷차림은 물론 배경이 깔끔해 보이도록 카메라 초점을 세심히 맞추는 등 신경 써서 준비한다. 준비가 잘된 사람들은 인터뷰 내용과 실력을 떠나서 다른 지원자들과 비교해서 돋보이므로 확실한 눈도장을 찍게 된다.

마치 영화의 한 장면을 보는 듯 아름다운 색의 벽이나 인상적인 그림을 배경으로 꽃병 옆에 앉아 있는 지원자의 모습은 면접관에게 좋은 첫인상을 남길 수밖에 없다. 인사 담당자도 사람이기에 사소한 부분까지 정성을 들인 지원자에게 마음이 가는 것은 자연스러운 일이다.

셋째, 반드시 카메라와 음향을 미리 점검해 두어야 한다. 컴퓨터 내장 마이크보다는 외부 마이크를 사용하는 것이 더 낫다. 특히 영어로 인터뷰할 때는 가뜩이나 발음이 부정확한데 소리까지 또렷하지 않으면 면접하는 내내 불편할 수 있다.

카메라의 촬영 각도도 잘 잡아야 한다. 이따금 노트북을 무릎 위에 올려놓고 카메라를 내려다보며 말하는 지원자가 있는데, 면접관에게 좋지 않은 인상을 주니 절대로 피해야 한다.

넷째, 스카이프나 구글 행아웃을 이용하여 인터뷰할 때는 애칭 같은 아이디가 아닌 본인의 이름을 넣은 아이디를 사용할 것을 추천한다. 화상 면접뿐 아니라 이력서나 다른 서류를 제출할 때도 이름이 들어간 아이디가 훨씬 효과적일 것이다. 예를 들어, "내가 최고"라는 의미로 negazzang@을 쓰는 것보다 이름 '안진오'을 넣은 Jino.ahn@가 쉽게 기억되며 프로다운 느낌을 주기 때문이다.

마지막으로, 온라인으로 대화할 때는 평소보다 속도를 약간 늦춰서 말하는 것이 중요하다. 간혹 서로의 말이 겹쳐서 잘 들리지 않는 경우가 있으니 중간에 조금씩 여백을 두는 것이 좋다. 질문을 끝까지 듣고 난 후에도 1~2초 정도 있다가 대답하는 것이 바람직하다. 질문이 끝나기도 전에 대답하기 시작하면 집중력이 흐트러지고 분위기가 어수선해진다. 상대방과 말이 겹치지 않도록 말이 끝나면 한 박자씩 쉬어 가며 말하도록 한다.

화상 면접이 아니라 전화로 면접할 때는 반드시 조용한 곳에 가서 해야 한다. 될 수 있으면 휴대전화보다 일반 전화로 하는 것이 좋다. 그래야 잡음 없이 훨씬 또렷하게 들을 수 있기 때문이다.

지혜롭게 몸값을 높여라

연봉 협상에 대한 의견은 사람마다 엇갈린다. 어떤 이는 회사의 방침대로 받아들이라고 하고, 어떤 이는 강하게 밀어붙여 협상해야 한다고 주장한다. 둘 다 맞는 말이다. 상황에 따라 전자가 맞을 수도 있고 아니면 후자가 맞을 수도 있다. 다만 내 견해를 밝히고자 한다.

미국에서는 면접 때 원하는 연봉이 얼마인지 묻는 경우가 많은데, 이는 한국인이 가장 대답하기 곤란해 하는 질문이다. 한국 문화는 돈에 관해 직접 말하는 것을 굉장히 불편해한다. 원하는 연봉 수준은 있지만, 돈에 연연하는 사람처럼 보이고 싶지는 않으니 쉽게 대답하지 못하고 쩔쩔맨다.

그러나 연봉 이야기는 자기소개 해 달라는 것만큼이나 흔한 질문일 뿐이다. 이런 질문을 받았을 때는 "연봉보다 다른 것들이 더 중요하다"라고 대답하는 것이 바람직하다. 특히 경력이 전무한 신입 사원은 더욱 그렇다. 연봉보다 회사의 가치관과 자신의 가치관이 부합하는지와 본인의 커리어를 키워 가는 데 필요한 것들을 배울 수 있고 자신이 회사에 이바지할 것이 있는지와 성장 가능성이 얼마나 되는지, 그리고 같이 일할 동료들과의 관계, 기업 문화, 복리 후생 등이 더 중요하므로 연봉은 유연하게 받아들일 수 있다고 대답해야 한다.

한마디로 연봉에 대해 질문을 받았을 때 정확한 금액을 주지 않는 편이 좋다. 그러나 회사에 따라 "그래도 최소한의 기대치를 알려 달라"는 식으로 되묻기도 한다. 이때는 그냥 지나치면 예의에 어긋나므로 자료 조사에 의한 모범 답안을 제시하는 것이 좋다. 예를 들어, "제가 알아본 바에 의하면(혹은 같은 일을 하는 주변 사람의 말에 의하면), 얼마에서 얼마 정도를 받는다고 들었습니다"라고 대답하는 것이다.

사실 면접관이 희망 연봉을 묻는 이유는 정말로 금액을 알아보기 위한 것이 아니다. 기업이 구인 광고를 냈을 때는 이미 책정된 연봉이 있게 마련이다. 특히 신입 직원의 경우는 더욱 그렇다. 그런데도 묻는 것은, 그가 자신의 업무에 대해 현실적인 기대치를 가졌는지를 확인하기 위함이다.

예를 들어, 연봉 3천만 원이 책정된 자리에 지원한 사람이 자신은 8천만 원을 기대하고 있다면 피차 곤란하지 않겠는가? 그러니 회사 차원에서 이를 확인하고 넘어가는 것이라고 보면 된다.

따라서 "저는 현실적인 기대치를 갖고 있습니다" 정도를 확인해 줄 수 있는 대답이면 충분하다. 금액을 콕 집어서 말하기보다는 "3천에서 3천5백 정도" 식으로 포괄적으로 말해야 추후에 협상할 여지를 만들어 준다.

합격 통지를 받으면 정해진 연봉을 받게 되는 한국과 달리 미국은 신입 사원이라도 연봉을 최종 통보하며 협상한다. 이를 오퍼(offer)라고 하는데, 원하던 오퍼가 오더라도 '감사합니다' 하고 넙죽 받지 말고, 좀 더 생각해 보겠다고 하는 것이 좋다. 그래야 추가 협상이 가능하다.

한 가지 팁을 주자면, 오퍼를 받으면 그에 감사한 마음을 표현하되 현재 다른 회사에서도 오퍼를 기다리고 있다고 말하는 것이 좋다. 이틀 후에 답변이 올 텐데, 그때 확답을 줘도 될지 물어본다. 이렇게 한다고 해서 절대로 오퍼가 취소되지는 않는다. 예의 바르게만 하면 회사 측에서 한번 결정한 것을 번복하지는 않는다. 오히려 다른 회사에서도 탐낼 만한 인재로 보고 연봉을 조금 더 올려 주겠다고 할 수도 있다. 그게 아니더라도 매사에 신중하게 결정하는 사람이라는 이미지를 줄 수 있다.

2~3일 정도 시간을 두고 확답을 주겠다고 하는 것이 신중해 보이는 이유는, 바로 수락했다가 이틀 후에 다른 회사에서도 오퍼를 받았다고 말하는 것보다 훨씬 신중하고 무게감 있게 행동하는 것으로 느껴지기 때문이다. 실제로 연봉이 썩 마음에 들지 않고 다른 곳에서 더 높게 받을 가능성이 있다면 한 번쯤 튕겨 보는 것도 나쁘지 않다. 잘되면 조정이 가능하고, 최악의 상황에도 회사가 제시한 연봉을 수락하면 그만이다.

일단 입사한 후라도 필요할 때는 연봉 협상이 가능하다. 대신 적극적으로 주장해야 한다. 미국에서는 연봉을 올려 달라고 말하는 것이 전혀 부끄러운 일이 아니고 흠도 되지 않는다. 회사에 기여도가 같은 두 사람이 있다면, 그중에 연봉을 올려 달라고 요구한 쪽의 연봉을 올려 줄 가능성이 말 안 한 사람보다 4배 이상 높다는 연구 결과가 있다. 자고로 제 몫은 스스로 찾아야 하는 법이다.

3

기업은 소프트스킬을 주목한다

취업 시장에서 주목받는 자질

생산, 마케팅, 재무, 회계, 인사 조직 등 경영 전문 지식을 하드 스킬(Hard Skill)이라 한다. 이와 비교하여 의사소통, 협상, 팀워크 등을 활성화할 수 있는 능력을 소프트스킬이라 하는데, 이것은 미국에서 굉장히 중요하게 다루는 개념으로 최근 취업지원센터에서 가장 많이 언급하는 중요 단어이기도 하다. 똑같은 학위를 받았어도 대인 관계, 의사소통 등에서 발휘되는 능력이 천차만별인데 사람을 대하는 솜씨가 능수능란하다면 소프트스킬이 뛰어난 사람이다.

소프트스킬은 학위나 성적을 기록한 이력서만 보고는 알 수 없는 부분이다. 지원자의 성격과 의사소통 방식은 직접 만나 봐야 알 수 있기 때문에 면접이 필요한 것이다. 소프트스킬은 최근 취업 시장에서 주목받는 자질이기 때문에 이게 없다면 만들어야 하고, 만들 수 없다면 있는 척이라도 해야 한다.

상대방을 편안하게 하는 기술, 다른 사람과 친해지는 기술이라고 할 수 있는 소프트스킬은 갈수록 그 중요성이 강조되고 있다. 최근 들어 미국뿐 아니라 한국에서도 소프트스킬 트레이닝이 많아지고 있다고 한다. 재능과 실력만큼이나 감성지수, 즉 EQ가 중요시되는 것은 미국이나 한국이나 마찬가지다. 하다못해 유튜브에 소프트스킬 세미나(soft-skills seminar)라고 검색하면 도움이 될 만한 동영상을 수도 없이 찾을 수 있다.

미국에서는 취업과 직결될 정도로 중요한 기술이니 자기 성격에 맞게 조금씩 계발해 가는 노력이 필요하다. 마음이 맞는 친구와 역할극을 해 보는 것도 효과적이다. 한국 유학생들은 유난히 소프트스킬에 약하다.

간략한 소프트스킬 중 몇 가지를 소개한다.

악수에 자신감을 입혀라

미국에서는 악수가 일상적인 인사다. 한국에서는 처음 만나는 사람에게 대부분 고개를 숙여 인사하고 사업상 만난 경우에는 악수를 한다. 미국에서는 업무 미팅이건 동네 바비큐 파티 모임이건 처음 만난 사람끼리 악수하며 인사를 건넨다. 자녀의 학교에 가서 선생님을 만나도 악수하고 동네 헬스장에 등록하러 가서도 악수한다. 고개 숙여 인사하는 문화가 없다.

한국에서는 서비스업 직원들에게 인사 교육을 한다. 가벼운 묵례에서부터 상황에 알맞은 각도로 허리를 굽혀 인사하는 법을 가르친다. 그런가 하면 미국에서는 악수할 때 상대방의 손을 알맞게 쥐는 법을 가르친다. 회사에서 트레이닝하는 경우도 있다. 너무 느슨하게 잡아도 안 되고 너무 꽉 쥐어도 곤란하다. 적당한 힘을 준 악수(firm handshake)를 하는 것이 정석이다.

한국 문화는 미국만큼 악수가 흔하지 않아서인지 미국에서 많은 한국인과 악수를 해 봤지만 제대로 악수하는 사람은 손꼽을 정도밖에 안 되었다. 대부분 너무 힘없이 느슨하게 잡는다. 마치 "내 손을 한번 잡아 보시오" 하고 내미는 것만 같다. 악수는 서로 손을 맞잡는 것이다. 힘없이 내민 상대의 손을 잡고 흔드는 것을 어떻게 악수라고 하겠는가? 미국인의 입장에서는 이해 못할 행동이다. 미국인들은 상대방의 손을 적당한 힘으로 쥐듯이 악수한다.

악수는 생각보다 훨씬 더 중요하다. 악수를 엉망으로 하면 성사될 계약도 그르칠 수 있고, 거의 다 된 면접 결과가 바뀔 수도 있다. 자신감을 중요시하는 미국 사회에서는 제대로 된 악수 또한 자신감의 척도로 보기 때문이다. 악수할 때 마치 죽은 생선을 만지는 듯한 느낌을 받는다면 누가 함께 일하고 싶겠는가?

눈맞춤 5-1-5 전략

소프트스킬 중에 눈맞춤(Eye Contact)은 악수보다 조금 더 어렵다. 한국 문화와 달라서 적응하기 어려울 수도 있다. 상황에 따라 다르게 해야 하는 만큼 간단하지 않으므로 미리 연습을 많이 해 두어야 한다.

나는 눈맞춤의 중요성을 일찌감치 깨달았다. 처음 미국에 왔을 때는 거의 아프리카 난민 수준으로 빼빼 마른 체형이었다. 미국 청소년들은 얼마나 고기를 많이 먹고 자랐는지 몰라도 내 또래 남자아이들이 모두 성인 남성 못지않게 키가 크고 체격이 좋았다.

당시 나는 빼빼 마른 데다 영어가 아직 익숙지 않은 내성적인 동양인 이민 학생으로서 동급생들에게 놀림 받기에 딱 좋은 대상이었다. 그런데 마침 그때 미국에서 브루스 리가 한창 큰 인기를 끌고 있었다. 집에서 브루스 리의 영화를 보고 혼자 거울을 보며 그의 흉내를 내곤 했는데, 어느 날 나를 괴롭히는 친구들과 맞닥뜨렸다. 두 주먹을 불끈 쥐고 그중에서 가장 덩치 큰 녀석의 눈을 뚫어지게 쳐다봤다. 나의 예상치 못한 반응에 흠칫 놀란 표정이었다.

그 후로 아무도 나를 건들지 않았다. 덕분에 학교생활을 편하게 할 수 있었다. 혹시라도 누가 나를 깔보거나 하면 눈을 똑바로 바라보며 절대 피하지 않고 깜빡이지도 않았는데, 이 방법은 늘 적중했다.

미국에서는 트레이닝을 할 때, 분야에 상관없이 눈맞춤의 중요성을 강조한다. 눈맞춤이 있느냐 없느냐에 따라 상대방과의 관계가 강해지기도 약해지기도 하기 때문이다. 한국에서는 웃어른과 대화할 때 계속해서 눈을 마주치면 예의 없다고 핀잔을 들을 수도 있다. 그래서인지 한국 교민들은 미국인들과 사귀며 대화할 때 유독 눈 맞추는 것을 어색해한다.

미국인들은 눈맞춤이 중요하다고 해서 무조건 상대방의 눈을 뚫어져라 쳐다보지는 않는다. 자칫하면 적대감의 표시로 보일 수 있기 때문이다. 미국 사회에서 권장하는 바람직한 눈맞춤은 5초 정도 마주쳤다가 1초 정도 시선을 다른 데로 옮겼다가 다시 눈을 맞추고 5초 정도 유지하는 것이다. 즉 5초 눈맞춤에 1초 쉬었다가 다시 5초 눈 맞추고 또 1초 쉬는 것을 반복하는 것이다. 평소 가족이나 친구들과 대화할 때 염두에 두고 연습한다면 자연스럽게 몸에 밸 것이다.

당당하게 끼어들어라

이번 소프트스킬은 아마도 한국인이 가장 어려워할 기술일 것이다. 미국에서 오래 산 사람도 쉽지 않은 부분이다. 학교나 회사에서 미팅하는 이유는 서로 의견을 주고받기 위함인데, 많은 한국인이 말 한마디 하지 않고 끝내는 경우가 많다. 분명히 할 말을 생각하고 있음에도 자기에게 차례가 오기를 기다리기 때문이다. 이때 필요한 것이 바로 '끼어들기'다.

미국 문화에서는 일반 대화든 회의든 말할 차례라는 것이 없다. 그야말로 먼저 말하는 사람이 임자다. 게다가 많이 말할수록 높은 점수를 받고 보너스를 받으며 결국 승진도 빨리한다. 연봉도 더 올려 받을 수 있다. 그러니 대화에 끼어드는 법을 익혀서 적극적으로 활용해야 한다.

미국인은 대화 중에 정말 자연스럽게 끼어들곤 한다. 다른 사람의 말이 끝나기도 전에, 혹은 두 사람의 대화를 끊고라도 끼어든다. 토론에 강한 사람일수록 끼어들기가 놀라울 정도로 자연스럽게 이뤄진다. 얼마나 자연스러운지 대화가 끊겨도 사람들이 깨닫지 못하고 그의 말에 귀 기울일 정도다.

이처럼 다른 사람의 기분이 상하지 않게 대화를 끊고 들어갈 수 있어야 한다. 한 손을 살짝 올리거나 앉은 자세에서 몸을 앞으로 내밀며 '말할 준비를 하는 듯한' 보디랭귀지가 중요하다. 이런 자세를 취하면 사람들이 서로 말을 하다가도 보디랭귀지를 눈치채고 살짝 틈을 열어 줄 수 있다. 그때 자연스럽게 이야기에 끼어들면 된다.

"정말 좋은 생각이에요"(That's a great idea) 혹은 "그 말에 좀 더 덧붙이자면…"(To add to that…)" 같이 상대방의 말에 동조하는 말로 대화에 끼어들면 꽤 매끄럽게 이어갈 수 있다. 설사 상대방의 말에 동의하지 않으므로 반대 의견을 말하고 싶더라도 상관없다. 그저 다른 사람들의 대화를 부드럽게 끊고 들어갈 수 있는 상투어일 뿐이다.

미국인은 대체로 강자에게 약하고 약자에게 강한 태도를 보인다. 선과 악을 떠나서 문화적으로 그런 경향이 있다는 뜻이다. 그러니 겉으로라도 강해 보이는 게 사는데 유리하지 않겠는가?

유머를 마스터하라

세계무대에서 잘만 활용하면 가장 효율적인 스킬이 바로 유머 감각이다. 서구 기업은 대체로 유머러스한 사람을 선호하며 탁월한 유머 감각을 높이 평가한다. 유명 기업의 리더나 정치인들도 연설을 시작할 때 유머로 시작하는 경우가 많다.

사실 누구나 이왕이면 재미있는 사람과 함께 일하고 싶어 한다. 특히 영어권 국가에서 유머 감각의 가치를 더욱 높이 평가하는 것 같다. 내가 잘 아는 기업의 중역은 우스갯소리를 하루에 하나씩 찾아서 외운다. 그렇게 하면 일상적인 대화뿐 아니라 비즈니스에도 아주 큰 도움이 된다고 한다.

"그 사람, 참 재미있고 유쾌한 사람이야"라는 이야기가 돌면, 그 사람은 비즈니스 세계에서 엄청난 무기를 확보한 셈이다. 그만큼 유머 감각이 큰 힘을 발휘한다. 유창한 영어가 아니더라도 자신 있게 말하고 적절한 유머 감각을 지닌다면 누구에게나 호감을 얻을 수 있다. 다른 사람이 귀 기울여 들을 정도로 좋은 인상을 주는 것이 중요하다.

단, 성, 인종, 종교와 관련된 유머는 민감하니 피하는 것이 좋다.

성공의 열쇠, 네트워킹

개인적인 경험에 비춰 봤을 때, 한국인은 네트워킹(관계 구축)

에 매우 서툰 편이다. 누가 소개해 주지 않는 한 직접 나서서 자기를 소개하는 일이 거의 없다. 다른 아시안들과 비교해 보면 그 차이가 확연하다. 인도인이나 중국인은 네트워킹에 탁월하다. 한국인보다 네트워킹이라는 콘셉트를 어려워하는 이들은 일본인이다.

네트워킹이야말로 성공의 열쇠라고 할 수 있을 정도로 중요하니 성격상 힘들더라도 반드시 극복해야 한다. 극복하는 방법을 두 가지 소개하겠다.

첫째, 마음가짐을 확실히 다져야 한다. 마인드컨트롤을 하라는 것이다. '저 사람의 도움을 받아 봤으면 좋겠다, 그런데 난 너무 평범하잖아' 하고 생각한다면 부담감만 크게 느낄 뿐이다. 그러느니 차라리 '내가 대단한 사람은 아니지만 저 사람을 위해 나도 도울 일이 분명히 있을 거야' 하고 다가가서 인사를 건네는 것이 낫다. 그렇게 말을 걸고 관계를 시작하면 가벼운 마음으로 접근할 수 있다. 누군가를 돕고 싶은 마음이 들 때 생각하지 못했던 힘이 발휘된다.

둘째, 네트워킹할 대상자에게 관심을 기울여 보라. 그 사람과 사적인 대화를 나누었다면 그의 자녀들 이름이나 취미와 관련된 것들을 꼭 메모해서 기억해 두는 것이 좋다. 다음에 이야기를 나눌 때 적절한 순간에 기억해서 언급해 준다면 당신을 향한 대상자의 호감이 급상승할 것이다.

사회적으로 아무리 크게 성공한 사람이라도 작은 것에 감동하고 친근감을 느낀다. 마음은 누구나 마찬가지이기 때문이다. 자녀의 생일을 기억했다가 아주 작은 선물을 건넨다면 관계가 몇 단계나 깊어질 것이다.

세계 시장에
자신 있게 진출하라

2015년에 세계 최고령 노동자 로렌 웨이드(Loren Wade)가 103세 생일을 맞았다. 미국 캔자스 주의 월마트 매장에서 33년째 일하고 있어 미국 CNN과 세계 각국 뉴스에서 주목받았다.

대한민국 통계청에서 조사하는 경제활동 인구는 79세까지를 대상으로 하므로 80세 이상의 고령 노동 인구는 통계에 잡히지도 않는다. 공공사업이나 자영업을 제외한 기업체 직원 중 80세를 넘는 고령자를 찾아볼 수 없으니 103세에도 마트에서 일하는 사람을 찾는 건 아마 향후 몇십 년간 불가능할 것이다. 그렇지 않아도 한국은 외국에 비해 근로 수명이 매우 짧은 편인데 안타깝게도 더욱더 짧아질 추세다.

한국의 대학생들은 2, 3학년 때부터 이미 취업의 압박에 시달리기 시작한다. 요즘은 입학과 동시에 스펙 쌓기에 돌입한다고 한다. 취업하기 전에 해외 문화를 경험하고 싶어 하는 학생이 많다. 하지만 졸업하고 나서 1~2년만 지나도 신입사원으로 뽑히기 쉽지 않으므로 많은 학생이 휴학을 거듭하며 졸업을 유예하는 것이 현실이다. 유학이나 어학연수를 다녀오고 나서 특히 남학생들은 군대까지 다녀와서 대학을 졸업하면 취업 연령이 높아질 수밖에 없다. 평균적으로 22~23살에 사회에 진출하는 미국 대학생보다 무려 5~6년이나 늦어지는 셈이다.

그런데 취직에 성공해도 과도한 업무량으로 스트레스가 어마어마하여 정신적, 육체적 건강을 해치게 된다. 과로사(death from overwork)라는 단어 자체가 한국과 일본에서만 쓰이는 개념이라니 정말 슬프다. 서구에서는 듣도 보도 못한 단어이다.

게다가 40대가 넘으면 은퇴를 걱정해야 하는 게 현실이다. 미국에서는 40대 중반에서 50대 초반을 그야말로 경력의 황금기로 보는데 한국에서는 후배들에게 밀려나 권고사직을 두려워해야 하는 시기라고 하니 비참하다. 사실, 이것은 회사 차원에서도 크나큰 인력 손실이기 때문에 적극적으로 막아야 할 일이다.

그러나 한국의 기업은 오랜 경력을 가진 베테랑보다는 젊은 사람들의 혈기를 더욱 중시하고 경력이 많은 직원의 전문성이 신입사원의 젊음으로 대체될 수 있다고 생각하는 안일함에 빠져 있는 듯하다. 미국의 50~60대는 회사 내에서 존경받으며 활발하게 일하는 시기다. 더 정확히 말하자면, 은퇴 연령이 따로 없다고 보면 된다.

본인이 원하면 30대나 20대에도 은퇴할 수 있고, 반대로 계속 일하고 싶으면 80세까지도 일할 수 있는 곳이 세계시장이다. 그러니 분야에 상관없이 누구나 40년, 50년을 꿈꾸며 일할 수 있다.

나는 30여 년의 경력을 가졌는데 한국이었으면 은퇴할 나이라고 주변에서 장난스럽게 놀리곤 한다. 하지만 미국에서 일하는 덕분에 여전히 활동적으로 일할 수 있고 앞으로도 하고 싶은 일이 어마어마하게 많다. 나는 일 욕심으로는 둘째가라면 서러운 사람이라 일에 대한 열정과 전문지식으로는 누구에게도 지지 않을 자신이 있다. 그런데 한국인들 사이에서는 유독 노땅이니 꼰대니 하며 나이든 사람을 무시하는 일이 많은 것 같다.

이 책을 읽는 독자들 중에 나처럼 자기 일을 사랑하고 열정이 있는 사람이 있다면, 은퇴 연령이 따로 없는 세계무대에서 마음껏 꿈을 펼치며 아직도 성장할 수 있다고 말해 주고 싶다. 나는 지금도 매년 새로운 것을 배우고 조금씩 성장해 나가는 데서 짜릿함과 자부심을 느낀다.

겨우 20년 남짓 일하기 위해서 초등학교부터 대학교까지 16년 넘게 공부에 매달리며 취업을 준비한다니 젊음과 비용이 너무 아깝지 않은가? 그게 아깝다고 느끼며 꿈과 포부가 큰 사람은 자신 있게 세계시장으로 진출해도 된다. 강력히 추천하는 바이다.

1. 생생 인터뷰

---

1) 개인 인터뷰 뉴욕에서 인턴으로 살고 있는 J

Q 자기소개?

한국에서 경영학을 전공했어요. 미국에 인턴십을 온 지는 딱 1년 되었네요. 고등학교 때부터 대학 졸업하기 전에 한 1년쯤은 외국에서 살아 보고 싶었어요. 막연한 꿈이었는데 3학년을 마치고 오게 됐네요. 교환학생, 어학연수, 워킹홀리데이 등 다 따져 봤는데요, 그냥 공부만 하는 것보다는 문화 체험을 하면서 영어 실력을 보강하고 싶었어요. 캐나다 워킹홀리데이에 합격했지만 아무래도 아르바이트보다 인턴직원으로 일하는 게 경력에 더 도움이 될 것 같아서요. WEST 프로그램에 지원해서 뉴욕으로 왔지요.

Q 어떤 준비를 했나?

사실 특별히 준비한 것은 별로 없어요. 우선, 미국에서 일하려면 조금이라도 경력이 있는 편이 도움될 것 같아서 한국의 PR 회사에서 6개월간 인턴십을 했어요. 토익 시험을 봤고, 영어 회화 위주로 공부했지요. 이 정도로 약간만 준비된 상태로 왔습니다.

한국 PR 회사에서는 리서치 어시스턴트로 일했고 지금은 인사과에서 리크루팅 업무를 돕고 있습니다. 처음 4개월은 뉴욕의 퀸즈칼리지에서 어학연수를 했어요. 그 후 6개월간 마케팅 인턴을 했어요.

한국과 미국의 근무 환경에 차이가 있다면…. 우선, 출퇴근 시간이 달라요. 한국에서는 9시 출근이어도 한 시간 전에 미리 나와 있어야 했어요. 인턴인데도 거의 매일 야근하고, 어떤 때는 밤샘까지 하고 새벽에 퇴근하기도 했지요. 그런데 여기는 철저하게 정시 출근, 정시 퇴근이더군요. 특히 퇴근 시간이 되자 거의 모든 직원이 칼같이 일을 정리하고 집에 가는 모습이 신기하기까지 했어요.

한국에서는 지시받은 업무를 처리하려면 온종일 붙들고 있어야 했는데, 미국에서는 조금 더 여유롭게 처리할 수 있고 담당자로서 제 의견을 편하게 말할 수 있다는 게 달랐어요. 한국에서는 주어진 일을 시간 내에 하기도 빠듯해서 생각할 틈이 없었거든요. 미국 회사는 웬만한 건 제가 알아서 판단하고 처리하게끔 해 주니까 좋은 아이디어를 낼 수도 있는 것 같아요. 그러다 보니 '내가 회사를 위해 할 수 있는 일이 무엇일까?' 하고 자꾸 생각하게 됩니다.

Q 인턴십을 통해 무엇을 얻었나?

우선은 영어 실력이 조금은 향상된 것 같아요. 그리고 업무 경험을 통해 자신감도 생긴 것 같고요. 앞으로 면접을 볼 때 편안한 자세로 자신 있게 저만의 색다른 이야기를 할 수 있을 것 같습니다. 여기 와서 여러 번 면접을 보며 경험을 쌓은 게 큰 도움이 됐어요.

Q 어학연수와 인턴십 외의 활동은?

샌프란시스코, LA, 보스턴 등을 여행하고, 시간 나는 대로 돌아다니고 있어요. 미트업(meet-up)을 통해 운동 동아리에 들어가서 몇 달간 활동하며 친구도 사귀었어요. 틈나는 대로 브루클린 브리지 파크(Brooklyn Bridge Park)에 있는 공원에서 자원봉사도 하고 있어요.

얼마 전부터 미국인 룸메이트들과 같이 살기 시작했습니다. 처음에는 한국인들과 살았는데 마음이 맞는 외국인 룸메이트와 살 집을 구하기까지 시간이 좀 걸렸어요. 과정은 쉽지 않았지만, 외국인 룸메이트와 살면서 시간 될 때 같이 밥 먹고 퇴근 후에 맥주도 한 잔씩 기울이다 보면 진짜 미국 생활을 하는 것 같은 느낌이 들어서 재미있어요. 일단 해외에 나오면 한국인보다는 외국인 룸메이트와 생활해 볼 것을 강추합니다.

Q 영어는 얼마나 늘었나?

사실 요즘 많이 고민하는 부분 중 하나예요. 미국에 온 지 일 년 정도 되었는데 생각보다 많이 좋아진 것 같지는 않거든요. 사실, 첫 번째 인턴십은 마케팅 업무였는데 말을 많이 하는 일이 아니었어요. 사소한 것에 마음 쓰는 성격이 아니라서 가끔 말을 못 알아듣거나 할 말을 다 못 할 때 스트레스를 받긴 해도 담담히 넘긴 편이에요.

솔직히 고등학교를 졸업한 이후로 토익 학원에 다닌 것 빼고는 영어 공부를 따로 안 했거든요. 하지만 외국인 친구와 사귀는 데 적극적이었고 친구들과 영어회화 스터디 그룹을 하기도 했지요. 토익 795점에 회화 레벨은 6이었어요.

Q 경비 및 생활비는 얼마나?

저는 정부에서 지원하는 WEST 프로그램으로 1년 반 계획으로 미국에 왔어요. 지원자가 속한 소득분위에 따라 비용이 다를 텐데요. 저는 총 2천~3천만 원 정도 든 것 같아요. 비행기 표, 생활비 등을 포함한 금액이고 보조받은 정부 지원금을 빼고 순수하게 들어간 제 돈이 그 정도예요. 정부 보조금은 첫 32주간 지원받았고 그 후에 한국으로 돌아간 학생도 있어요.

Q 인턴십이 끝난 후의 계획은?

일단 한국에 돌아가서 학교를 졸업해야 하고요, 취업 준비를 해야겠죠. 달라진 게 있다면, 이제는 한국뿐 아니라 외국에서도 취업의 기회를 찾을 거라는 거죠. 인턴십을 오기 전에는 미처 생각 못 했던 부분인데, 막상 와서 일해 보니 자신감이 생기고 세상을 보는 시야도 넓어진 것 같아요. 해외취업을 염두에 두고 취업 준비를 할 생각입니다.

Q 인턴십을 하면서 달라진 게 있다면?

무엇보다 가치관이 달라진 것 같아요. 예를 들면, 이전에 했던 인턴십은 무급이었거든요. 그래도 같이 일하는 동료나 회사 문화가 정말 좋았어요. 그러니까 돈을 받지 않는데도 내가 회사에 이바지할 방법이 없을까 하고 자꾸 고민하게 되더라고요. 어떻게 해서라도 회사에 보탬이 되고 싶은 마음이었어요. 그때 깨달았어요. 돈이 전부가 아니라는 걸요.

한국에서는 대기업이나 누구나 들으면 알 만한 이름의 회사에 꼭 들어가고 싶었거든요. 그런데 미국에서 일해 보니 내가 하는 일이 재미있고 동료들과 잘 맞는다면 작은 회사에서 일하기 시작해서 성장해 나가는 것도 좋겠다는 생각이 들어요. 그렇게 생각이 달라지는 것 같아요.

Q 인턴십 희망자에게 해 주고 싶은 말은?

인턴십을 구할 때 너무 큰 기대를 하지 말라고 말해 주고 싶어요. 내가 생각해도 영어로 의사소통이 뛰어나지 않은 외국인을, 그것도 뚜렷한 기술이나 경력이 없는 외국인 학생을 고용하기는 쉽지 않은 일 같거든요. 그러니 처음부터 기대를 낮추고, 맡게 될 업무가 적성에 맞는다면 만족할 수 있다고 말해 주고 싶네요.

다시 어학연수 때로 돌아가서 인턴십을 구한다면 여유롭게 두 달 정도 시간을 갖고 원하는 분야를 확실히 찾아서 그 분야의 회사를 알아보고 자세히 조사할 것 같아요. 너무 규모가 크고 직원이 많은 회사는 부담스럽더라고요. 직원이 5~10명 정도 되는 작은 회사가 내게 적당한 것 같아요.

많은 분이 영어 실력을 어느 정도 갖춰야 할지를 궁금해하는데요. 저는 영어 공부를 특별히 열심히 하지 않았었기 때문에 미국에 올 때 내심 걱정이 많았거든요. 과연 내 실력으로 일할 수 있을까 하고요. 그런데 어학연수를 하는 24명 중에 제가 잘하는 축에 드는 것을 보고 놀랐어요. 정말 기본적인 대화만 가능한 사람도 많이 왔더라고요. 그 뒤에 그 사람들이 어느 회사에서 어떤 일을 했는지는 모르지만요. 영어 실력이 부족하더라도 의지만 있다면 지원이 가능한 것 같아요.

그러나 아무래도 한국에서부터 영어 실력을 키워서 오는 것이 일자리를 구할 때 더 유리하지요. 영어 실력에 따라서 업무 능력을 발휘할 수 있는 한계가 정해지니까요.

2) 여러모로 다른 네 친구의 대화 S, H, K, L

어학연수, 유학, 취업 등을 경험한 네 젊은이의 생생한 대화를 통해 정보를 얻자.

Q 각자 자기소개를?

S 저는 미국과 한국 이중국적을 가지고 있어요. 미국에서 어릴 때 2년 살았던 게 전부이고, 한국에서 초중고를 마치고 군대까지 다녀와서 미국에 왔습니다. 현재 뉴욕대학교 3학년에 재학 중이고요.

H 저는 회계사로 맨해튼에 있는 회계법인에서 6년째 일하고 있습니다. 한국 출신이고, 대학교 재학 중에 미국에 유학 와서 뉴욕에 있는 대학교를 졸업했습니다. 처음엔 학생 비자로 왔는데, 지금은 회사에서 취업비자를 받아서 근무 중입니다.

K 한국에서 3년간 회사 생활을 하다가 비즈니스 마케팅을 공부하기 위해 미국에 온 지 3개월 반 정도 되었습니다. 지금은 어학연수를 하며 편입 준비를 하고 있어요. 해외 경험은 이번이 처음입니다. 한국에서 명문대를 졸업하긴 했지만, 영어 울렁증이 있는 게 사실입니다. 이번 기회에 관심 있던 분야의 공부도 하고 영어 실력도 향상시키는 것이 목적이에요.

L 한국에서 태어나 자라고 대학교까지 마친 한국 토박이입니다. 건축 공부를 했고, 졸업할 때쯤 갑자기 유학 가고 싶다는 생각이 들어서 일 년간 준비한 끝에 보스턴의 MIT 공대에서 석사 과정을 하게 되었습니다. 학교에 다니며 일본과 프랑스에서 인턴십을 한 경험이 있고, 졸업 후에 지금은 맨해튼에 있는 회사에서 근무하고 있어요.

Q 왜 하필 미국을 선택했나?

K 저는 영어 울렁증을 고치고 싶어서 영미권만 생각했어요. 제가 공부하고 싶은 학교는 영국과 미국 두 곳에 있었는데, 미국보다 영국이 인종 차별이 좀 더 심하다는 얘기를 들었어요. 외국인으로서 취업하기에도 미국보다 영국이 더 까다롭다고 하더군요. 그래서 미국이 더 낫겠다는 결론을 내렸지요.

H 저는 카투사(KATUSA) 출신이라 미국 문화에 익숙한 편이에요. 다른 나라보다 미국에 관한 정보를 찾기가 더 수월했고요. 제가 다닌 학교와 학위 연계 프로그램이 있는 학교가 미국에 있어서, 결국 미국에서 학위를 받게 되었네요.

L 저는 학풍의 영향이 있었던 것 같아요. 제 전공 교수님들이 대부분 미국에서 유학하신 분들이거든요. 아무래도 미국식 학풍에 익숙하니 미국에서 공부하는 게 나을 거라고 판단했습니다.

솔직히 원래 가고 싶은 곳은 영국이었기 때문에 미국에 관해서는 별 관심이 없었어요. 그 전에 와 본 적도 없었고요. 하지만 교수님들과 상담하고, 영국에서 유학하신 교수님들의 조언을 들은 후에 한국으로 돌아간 뒤를 생각하여 미국에서 공부하기로 했습니다.

Q 미국에 왔을 때 당신의 영어 실력은?

H 카투사 시절에 미군 동료가 "너는 다섯 살 수준으로 말한다"고 놀리곤 했어요. 하하하.

S 저는 외고 출신이라서 사실 영어에 대한 부담은 크게 없었어요. 그런데 미국에 와서 보니 원어민과 비교할 때 말하기, 쓰기에서 차이가 확연하더라고요. 도저히 따라갈 수 없을 정도였어요. 수업 시간에 발표하거나 토론할 때면 실력 차이가 더 크게 느껴졌고요. 웬만큼 잘한다고 생각했는데 막상 와서 보니 많이 부족하다는 것을 뼈저리게 느낍니다. 인터뷰할 때나 일상생활에서도 계속해서 느끼는 것 같아요.

H 나는 다섯 살 수준인 걸요! 하하하. 하지만 처음부터 일하러 온 게 아니라 학생 신분으로 왔기 때문에 부담감은 별로 없었어요. 학교에 다니면서 늘겠지 하고 생각했죠.

K 저는 대부분의 한국 학생이 가지고 있는 전형적인 문제를 안고 있었어요. 읽기와 듣기는 문제가 없는데 쓰기와 말하기가 힘들

었거든요. 적응이 안 되니까 말할 때 특히 위축됐던 것 같아요. 영어 점수는 평균 이상인데 말하기 실력은 거기에 미치지 못했거든요. 그나마 말하기 실력이 조금씩 늘고 있는 것 같아요.

L 저도 어릴 때부터 학원에 다니며 영어 교육을 받긴 했지만, 토플(TOEFL)과 대학원 입학 자격시험(Graduate Record Examination, GRE)에 필요한 영어는 다른 문제였어요. 공부할 때는 정보가 많지 않아서 GRE는 아예 고3 수험생처럼 공부했지요. 그런데 막상 미국에 와서 보니 현지 생활을 하는 데 필요한 영어는 또 다른 차원이더라고요. 영어 때문에 고생 좀 했습니다. 지금도 의사소통이 원활하진 않지만 처음보다는 많이 좋아졌어요.

Q 영어에 관한 조언은?

H 경험상 일상에서 쓰는 영어와 업무용 영어는 많이 다른 것 같아요. 회사에서는 늘 비슷한 단어와 문장을 쓰게 되거든요. 처음부터 일하러 미국에 오는 경우라면 학교에서 배운 영어와 많이 다르다는 것을 느끼게 될 거예요.

K 두 분이 속한 분야는 영어로 의사소통하는 것보다 전문 기술이나 지식이 더 중요한 분야가 아닌가요?

L 그렇게 볼 수도 있지만, 건축계는 프레젠테이션이 중요 업

무 중의 하나거든요. 그래서 학교에서 고생을 많이 했어요. 학기 끝에 프로젝트를 잘 포장하고 마무리하는 프레젠테이션의 비중이 아주 큰데 그걸 잘 못 하니까 교수님들께 꾸중을 많이 들었어요. 프로젝트는 잘해 놓고 끝마무리를 망쳐 버리면 한 학기 동안 노력한 게 뭐가 되느냐는 거죠. 안타까워서 해 주신 말씀이죠.

영어는 어차피 단기간에 늘 수 있는 건 아니니까, 저는 제가 잘하는 부분을 최대한 더 신경 써서 나름대로 만회하곤 했어요. 그림을 한 장 더 그리고, 모델을 하나 더 만들어서 점수를 잘 받은 게 비법이라면 비법이죠. 미국에 오기 전에, 아니 오고 나서도 영어를 완벽하게 구사하는 건 불가능하다고 생각해요. 분야마다 쓰는 용어가 다르니까요. 그런 부분은 한국에서 전공 공부를 했어도 전혀 모를 용어들이거든요. 직접 접하여 경험하면서 배우는 수밖에 없다고 생각해요.

K 저는 이제 어학연수를 시작해서요. 제게 영어는 한국에서 배운 것뿐이잖아요. 여기 와서 느낀 건 한국에서 배운 것과 많이 다르다는 거예요. 토익이나 국제 영어 능력 시험(International English Language Testing System, IELTS) 공부를 하면서 점수를 나름 잘 받곤 했는데, 현지에 와 보니 간단한 음식 주문도 너무 떨리더군요.

한국에서는 주로 문법 위주로 암기식으로 배웠어요. 요즘은 회화의 중요성을 강조하며 가르친다고는 하지만 사실 효율적인 교육은 아닌 것 같아요. 한국에서 유명 영어 회화 학원에 다녀 봤는데 여기서 배우는 것과는 달라요. 일상생활에서 영어를 어떻게 활용하면 되는지를 배운 적이 없는 것 같아요.

Q 해외취업을 준비하는 이에게 한마디?

L 두렵더라도 일단 저질러 보라고 말하고 싶어요. 완벽한 계획을 세우려고 욕심부리지 마세요. 때로는 먼저 행동하는 게 필요한 것 같아요. 하다가 후회하고 돌아가는 일이 있더라도 일단은 도전해서 문제를 하나씩 풀어나가는 게 좋을 것 같아요.

H 저는 영어 공부를 열심히 하고 오라고 말해 주고 싶어요.

L 저도 그 말에 매우 공감해요. 대학원 입학 때문에 GRE를 준비하면서 영어 공부를 많이 했지만, 학교에서는 토플 성적도 굉장히 엄격하게 봐요. 토플 점수가 기준을 넘지 못하면 서류를 보지도 않아요.

K 고등학교, 대학교 성적도 상위권으로 유지하는 게 중요한 것 같아요. 유학을 준비하자니 대학 성적을 환산해서 제출해야 해서 그제야 아차 싶더라고요. 성적 관리 좀 잘할 걸, 하고요.

에세이를 아무리 잘 쓰고 영어 성적이 높아도 평점이 낮으면 어쩔 도리가 없잖아요. 그건 학교 다닐 때 관리하는 수밖에 없으니까요. 언젠가 유학할 생각을 하고 있다면 미리미리 성적 관리를 잘해 두는 것이 중요합니다.

2. 생활비 비교

보스턴 K, 여

나의 보스턴 생활은 크게 두 부분으로 나뉜다. 첫 1년은 부모님께 전적으로 지원받아 어학연수를 받았고, 그다음 1년은 부모님의 도움 없이 나 혼자 생활했다.

유학원을 통해 홈스테이를 이용했기에 매달 생각보다 큰 비용인 약 1,300불을 냈다. 아침과 저녁을 제공해 준다는 장점이 있어서 선택했는데 식사가 만족스럽지 않았다. 아침은 대개 시리얼과 식빵뿐이었고 저녁은 일주일에 한두 번만 요리한 음식이 준비되었다. 아침에 우유가 준비되지 않을 때가 많았고, 저녁에는 호스트 가족들이 먹는 음식과 학생들이 먹는 음식이 다르거나 3일 이상 된 음식을 계속 내기도 했다.

첫 주 이후로 저녁은 거의 밖에서 사 먹었다. 점심은 학원 근처에서 패스트푸드나 태국, 인도 음식점 등을 주로 이용했고 팁을 포함해 약 20불씩 들었다. 커피를 마시는 데 매일 약 4불을 지출했다. 저녁은 다운타운의 레스토랑에서 하느라 약 30불가량 들었고, 가끔 식사에 와인을 곁들이는 날이면 80불 정도 들었다.

보스턴에서는 찰리카드(Charlie Card)라는 한 달짜리 교통카드를 살 수 있는데 가격이 75불이다. 웬만한 곳은 대중교통으로 쉽게 갈 수 있어서 유용하게 썼다.

결국, 룸메이트를 구해 브라이턴(Brighton)에 있는 단독주택으로 이사했다. 친구와 한방을 나눠 쓰며 1인당 770불씩 냈다. 다른 룸메이트들과 공유하는 집에서 큰 방 하나에 매달 1,540불을 낸 것이다. 그때는 홈스테이보다 훨씬 더 저렴한 가격이어서 싸게 지냈다고 생각했는데, 지금 생각해 보면 방 하나에 1,540불은 터무니없이 비싼 가격이 아니었나 싶다.

친구와 함께 지내며 집에서 요리하는 시간이 늘어났지만 재료를 구매하는 비용이나 밖에서 사 먹는 비용이나 비슷하게 들었다. 다운타운에서 대중교통으로 약 45분 떨어진 곳이라 지하철이나 버스가 끊기면 택시비가 약 30불 정도 들었다.

어학연수 후 보스턴에서 일하며 1년 더 지내기로 했을 때는 바다 근처 작은 도시인 윈스럽(Winthrop)에서 홈스테이를 했다. 홈스테이에 대한 기억이 좋지 않았음에도 다시 선택한 이유는, 첫째, 다시 집을 구하기 전에 한두 달 잠시 지낼 곳이 필요했기 때문이다. 둘째, 영어학원에 다니지 않게 되었으니 영어를 좀 더 많이 쓸 수 있는 환경을 만들고 싶었다.

친구를 통해서 들어가게 된 집이라 유학원에 소개비를 따로 지불하지 않아도 됐기에 800불을 내고 지냈다. 집에 가려면 지하철을 타고 간헐적으로 다니는 버스를 타야 했는데 버스가 오지 않거나 일찍 끊기는 날이면 택시를 타야 했다. 가장 가까운 역에서 집까지는 택시비가 5불이었지만 다운타운에서부터 오려면 약 40불 정도를 내야 했다.

이때 어학연수 시절에는 차마 가지 못했던 고급 레스토랑들에 도전해 봤는데 갈 때마다 약 100~150불씩 들었다.

마지막으로 지낸 곳은 브루클라인(Brookline)의 아파트에서 거실을 방으로 만들어 지냈다. 방 두 개짜리 아파트로 화장실이 딸린 안방은 약 1,400불, 작은 방은 950불, 나는 800불을 냈다. 지난 2년 동안 지낸 곳 중에 제일 만족스러웠다. 왜냐하면, 다운타운과 지하철로 20분 거리로 가까웠고 집에서 간단한 요리를 해 먹어서 생활비를 크게 줄일 수 있었기 때문이다.

보스턴에서 차로 약 1~2시간 걸려 갈 수 있는 근교에 뉴잉글랜드(New England)의 소도시들이 많다. 대중교통 중 하나인 초고속도로(commuter rail)를 타면 왕복 약 24불로 주말에 바람을 쐴 수도 있었다.

뉴욕 J, 여

"뉴욕의 물가가 비싸다는데 도대체 얼마나 비쌀까?"

서울에서 자취 생활을 할 때 미국에 인턴십을 오기 몇 달 전부터 가졌던 궁금증이다. 인턴십이라는 동일한 목적을 가지고 같은 지역에서 생활하고 있더라도 어떤 라이프 스타일을 갖고 사느냐에 따라 뉴욕에서의 생활비는 조금씩 다르다. 한 달 동안 뉴욕에서 필요한 생활비가 얼마나 되는지를 설명하기에 앞서 나의 라이프 스타일을 간단히 얘기하고 싶다.

나는 아침에 일어나 출근 준비를 하고 빵이나 시리얼과 같은 간단한 아침을 먹고 출근한다. 주 5일, 오전 9시부터 오후 5시 30분까지 맨해튼에 있는 회사에서 일하는데, 집에서 회사까지는 지하철로 35분 정도 걸린다. 점심은 회사에서 도시락으로 먹고, 일주일에 한 번 정도는 근무 시간에 커피를 사 마신다. 퇴근 후에 집에 와 저녁을 만들어 먹은 후 룸메이트들과 거실에서 종종 맥주를 마시기도 하고 외식은 일주일에 한 번, 그리고 주말에 커피를 한 번 정도 사 마신다.

예전에는 퇴근 후 일주일에 두 번은 요가 스튜디오에서 요가를 하고 집에 갔지만 요즘은 조깅으로 대신하고 있다. 평일에는 퇴근 후 보통 집에 바로 가는 편이고, 주말에는 친구들과 바다에 가거나 뉴욕 곳곳에서 열리는 이벤트, 콘서트, 문화행사에 가거나 칵테일 바에 간다.

맨해튼에 가까우면 가까울수록 집세가 비싸다. 그렇다고 집세를 아끼기 위해 너무 멀리 나갔다가는 출퇴근이 힘들고 또래를 찾기가 쉽지 않다. 그래서 내가 택한 지역은 브루클린(Brooklyn)과 퀸스(Queens)의 경계에 있는 리지우드(Ridgewood)인데 월 750불을 지불한다. 방이 4개에 화장실이 2개, 거실과 주방이 있는 아파트로 신축건물은 아니지만 그래도 깔끔한 편에 속하며 동네도 안전하다고 느낀다.

평일에는 회사 출퇴근으로, 주말에는 뉴욕 생활을 즐기기 위해 지하철을 이용하기에 한 달간 버스와 지하철을 무제한으로 이용할 수 있는 교통카드(116.5불)를 구입하며 그 외 교통비는 들지 않는다.

휴대전화 요금은 한국보다 상대적으로 저렴한 편으로 매달 충전해 사용하는 40불짜리 플랜을 쓰고 있다. 장을 볼 때면, 우유, 빵, 채소, 과일, 스파게티 재료, 달걀 등을 구입하는데 한 주에 30불씩, 한 달간 120불을 지출한다. 그리고 뉴욕의 약국체인점 듀안리드 (Duane Reade)에서 주로 렌즈 세척액, 클렌저, 샴푸 등을 구입하는 데 30불을 지출한다. 뉴욕은 쇼핑으로 유명하지만 쇼핑을 자주 하지 않는 나는 지난 3개월간 50불을 사용했고, 집 근처 빨래방에서 매주 한 번 빨래할 때마다 4불씩 지출한다.

여기까지가 뉴욕에서 생활하며 드는 고정 비용이고 여가 생활이나 문화생활을 위해서 또는 습관적인 소비가 더해지면 비용이 추가된다.

샌프란시스코 ㄴ, 남

뉴욕에서 어학연수를 하고 샌프란시스코에 왔을 때 높은 물가에 놀랐다. 뉴욕의 판매세(sales tax)가 8.87%인 걸로 아는데, 샌프란시스코는 그보다 높은 9%이다. 또한, 샌프란시스코가 미국에서 집값이 높은 도시 1위에 선정될 정도이니 평소에 느끼는 체감 물가가 매우 높다고 할 수 있다. 회사의 동료 직원들도 높은 물가에 다른 주로 이직하고는 한다.

하지만 나는 운이 좋게도 한 달 집세 700불로 좋은 방을 구할 수 있었다. 출퇴근은 버스로 하는데 한 달 64불에 샘트랜스(SamTrans)라는 회사의 버스를 무제한으로 탈 수 있다. 하지만 다운타운에 나가려면 바트(BART)를 타야 하는데 집 근처 역에서 시내까지 편도 4.5불을 지출해야 한다. 퇴근 후 피트니스센터에 가서 운동한다. 6개월 등

록으로 한 달에 30불꼴로 이용할 수 있다.

샌프란시스코에는 한인타운이 없고 집 근처에 한인 마트도 없다. 그래서 주로 미국 마트에서 장을 본다. 지난달 식비로 170불을 지출했다. 아침은 항상 밥과 간단한 밑반찬을 먹는다. 점심은 도시락을 싸 가는데 주로 샐러드와 과일 그리고 요구르트를 싸 간다. 운동 후 집에 와서 씻으면 9시가 넘기에 다음 날 도시락을 쌀 시간이 없다. 그래서 항상 빨리 준비할 수 있는 샐러드로 도시락을 싸곤 한다. 저녁은 집에 와서 간단히 밥을 해 먹는다.

이 외에 고정 지출은 매달 45불씩 지불하는 통신비가 있다. 뉴욕에서 문화생활을 많이 누렸던 나에게 샌프란시스코 생활은 너무 단조롭다. 그래서 휴일에는 가까운 근교로 여행을 가거나 룸메이트나 회사 사람들과 퇴근 후에 저녁 시간을 함께 보냄으로써 스트레스를 해소하곤 한다. 지난달 버스로 다녀온 샌프란시스코 근교 여행에서 180불을 지출했다. 외식비로는 150불을 썼다. 샴푸, 린스, 기초 화장품 등은 온라인 쇼핑몰을 통해 저렴하게 구입하며 주로 한 달에 60불씩 지출한다.

이 정도가 매달 고정적으로 드는 생활비다. 이 외에도 부수적인 지출이 있지만 생필품 외에 쇼핑은 거의 안 하며 여행은 두 달에 한 번씩 가까운 곳으로 간다. 외식을 줄이기 위해 노력하는 중이다.

3. 샘플 영문 이력서 및 커버레터

(영문 이력서)

FirstName LastName

55 Northern Road | Sometown, NY 11375
Home 555-555-5555 | **Cell** 555-555-5556 | ts@somedomain.com

Targeting an Internship or Entry-Level Opportunity in...

Software Engineering

- Upcoming BSSE graduate offering a strong foundation in software engineering and programming principles across multiple platforms.
- Experienced in object-oriented programming; developing, testing and debugging code; designing interfaces; and administering systems and networks.
- Quickly learn and master new technologies; successful working in both team and self-directed settings.

Education

ABC COLLEGE -- Sometown, NY
Pursuing Bachelor of Science in Software Engineering (BSSE), Expected Graduation: May 2017

- Academic Honors: ABC College Program Achievement Citation (2011), Dean's List (3 semesters)
- Senior Software Engineering Capstone Design Project (in progress):
  Project Scope: Currently working as part of a five-member team on next-generation rollout of robot control software for DEF Company, a technology research company specializing in roboticsTools: Visual Studio .Net, C# and ASP.Net

Courses Completed:

- Java Programming & Data Structures
- Wireless Mobile Software Engineering
- Object-Oriented Design
- Database Management Systems
- Information Security
- Assembly Language Programming
- Computer Organization and Architecture

Work Experience

ABC COLLEGE -- Sometown, NY
Help Desk Technician, October 2011 to Present

- Provide networking and desktop support, account maintenance and printing assistance to students and faculty. Troubleshoot and resolve complex technology problems as the "go-to" person for IT issues.

Technology Summary

- Visual Studio .Net, Visual Basic 6, C#, ASP.Net, C, C++, Java, .Net, XML/HTML, JavaScript, Ajax, CSS, Windows, Linux, Unix, MS Office Suite

Katherine Yu
HR Director
ABC Company
1530 State St.
Anytown, NJ 08999

Dear Ms. Yu:

Your advertisement for an HR assistant fits my qualifications perfectly, and I am writing to express my interest in and enthusiasm for the position.

After completing a business degree from Rutgers University in May, I enrolled in a human resource development program to enhance my credentials in my chosen field. Course highlights include: Leadership in an Organizational Setting, Performance & Task Analysis in Human Resource Development, and Technology in HR Settings.

Based on your description of the ideal candidate, I also offer:

- A solid educational foundation in organizational development, employee training and development skills and knowledge of how to use technology to improve individual/organizational performance
- A proven ability to build rapport with individuals from all backgrounds
- A track record of excellent performance as a part-time/summer employee concurrent with full-time college enrollment

I would very much like to meet in person to share more of my qualifications and learn more about your HR support needs. Please feel free to call me at (555) 555-5555 or email at josh@somedomain.com.

Thank you for your time and review of the enclosed resume, and I look forward to speaking with you.

Sincerely,

YOUR SIGNATURE

Your Name

4. 인터뷰 마스터키 50개

모든 인터뷰를 마스터하게 해 줄 50가지 질문

다음은 세계 최대 규모의 직장 평가 사이트인 글래스도어 (Glassdoor.com)에서 추천하는 인터뷰 질문 50선이다. 분야에 상관없이 50개 질문에 대한 적절한 답변을 준비해 놓는다면 어떤 인터뷰에도 당당하게 임할 수 있을 것이다.

1. Tell me about yourself.

당신에 대해서 말해 보세요.

2. Why should I hire you?

우리 회사가 당신을 채용해야 하는 이유가 있다면?

3. What are your strengths?

당신의 장점은 무엇인가요?

4. What are your weaknesses?

당신의 약점이나 더 보완해야 할 부분은 무엇인가요?

5. Why are you interested in working for our company?

왜 이 회사에서 일하길 원하나요?

6. Where do you see yourself in five years or ten years?

5년 혹은 10년 후에 당신은 어떤 위치에서 어떤 일을 하고 있을 것 같습니까?

7. Why do you want to leave your current company?

현재 직장에서 옮기려는 이유가 무엇인가요?

8. Why was there a gap in between your employments?

당신의 경력란에 빈 시간이 있는데 그 이유는 무엇이지요?

9. What can you offer us that someone else can not?

당신은 남들이 할 수 없는 것을 이 회사에 제공할 수 있습니까?

10. What are three things your former manager would like you to improve on?

전 직장에서 당신 상관이 당신에게 보완했으면 하는 3가지가 있다면?

11. Tell me about an accomplishment you are most proud of.

당신이 지금껏 살아오면서 가장 자랑스럽게 생각하는 업적을 말해 주세요.

12. Tell me about a time you made a mistake.

당신이 했던 실수 한 가지만 얘기해 주세요.

13. What is your dream job?

당신이 꿈꾸는 일은 무엇인가요?

14. How did you hear about this position?

이 일자리는 누구를 통해서 알게 되었나요?

15. What would you look to accomplish in the first 30 days/60 days/90 days on the job?

취업이 된다면 30일, 60일, 90일 안에 무엇을 이루고 싶습니까?

16. Discuss your resume.

당신의 이력서를 논해 보세요.

17. Discuss your educational background.

당신의 교육 배경을 논해 보세요.

18. Describe yourself.

자신을 설명해 보세요.

19. Tell me how you handled a difficult situation.

어려운 역경을 어떻게 극복했는지 이야기해 주세요.

20. Why should we hire you?

우리가 왜 당신을 고용해야 합니까?

21. Why are you looking for a new job?

당신은 왜 새로운 일자리를 찾고 있습니까?

22. Would you work holidays/weekends?

주말이나 공휴일에 필요하면 일할 수 있나요?

23. How would you deal with an angry or irate customer?

화가 났거나 불만이 있는 손님에게는 어떻게 대응하겠습니까?

24. What are your salary requirements?

급여는 얼마를 원하십니까?

25. Give an example when you went above and beyond the

requirements for a project.

프로젝트의 기한을 넘겨 일한 적이 있다면 말해 주세요.

26. Who are our competitors?

우리 회사의 경쟁사는 어떤 회사가 있는지 압니까?

27. What was your biggest failure?

당신의 가장 큰 실패는 무엇이었습니까?

28. What motivates you?

당신에게 동기를 부여하는 건 무엇입니까?

29. What's your availability?

회사에서 부르면 언제든지 와서 일할 수 있습니까?

30. Who's your mentor?

멘토가 누구입니까?

31. Tell me about a time when you disagreed with your boss.

당신의 상사와 의견이 안 맞았을 때에 대해 얘기해 주세요.

32. How do you handle pressure?

스트레스 상황을 어떻게 극복합니까?

33. What is the name of our CEO?

우리 회사 CEO의 이름이 무엇인지 아세요?

34. What are your career goals?

당신의 경력 목표는 무엇입니까?

35. What gets you up in the morning?

아침에 무엇을 기대하며 일어납니까?

36. What would your direct reports say about you?

당신의 부하 직원들이 당신에 대해 어떻게 말을 할까요?

37. What were your bosses' strengths/weaknesses?

당신 상사의 강점 및 약점은 무엇이었습니까?

38. If I called your boss right now and asked him what is an area that you could improve on, what would he say?

만약 지금 당신의 상사에게 당신이 향상할 수 있는 영역이 무엇인지 전화로 묻는다면 그는 무슨 말을 할까요?

39. Do you consider yourself to be a leader?

당신이 리더라고 생각합니까?

40. What was the last book you've read for fun?

재미로 읽은 마지막 책 제목이 무엇입니까?

41. What are your co-worker pet peeves?

당신이 싫어하는 동료 타입은 무엇입니까?

42. What are your hobbies?

당신의 취미는 무엇인가요?

43. What is your favorite website?

당신이 가장 좋아하는 웹사이트는 무엇인가요?

44. What makes you uncomfortable?

당신을 불편하게 하는 것이 무엇입니까?

45. What are some of your leadership experiences?

리더십을 발휘했던 경험에 관해 얘기해 주세요.

46. How would you fire someone?

누구를 해고해야 한다면 어떻게 하겠습니까?

47. What do you like the most and least about working in this industry?

당신은 이 기업의 업무에 대해 가장 좋아하고 가장 싫어하는 것이 무엇입니까?

48. Would you work 40+ hours a week?

일주일에 40시간 이상 일할 용의가 있습니까?

49. What questions haven't I asked you?

내가 아직 질문하지 못한 것이 무엇인가요?

50. What questions do you have for me?

내게 질문이 있습니까?